MAGASIN THÉATRAL,

CHOIX DE PIÈCES NOUVELLES,

JOUÉE SUR TOUS LES THÉATRES DE PARIS.

THÉATRE DES DÉLASSEMENTS-COMIQUES.

LA BOUQUETIÈRE
DU MARCHÉ DES INNOCENTS,

Vaudeville en trois actes.

50 cent.

PARIS,

MARCHANT ÉDITEUR
Boulevart Saint-Martin, 12.

BRUXELLES,
TARRIDE LIBRAIRE, PASSAGE DE LA COMÉDIE.

En vente, le 1er juillet 1846 :
Les tomes 29 et 30 de la BIBLIOTHÈQUE DE VILLE ET DE CAMPAGNE,
Prix 3 francs 50 cent.

CATALOGUE DES PIÈCES
DE LA
BIBLIOTHÈQUE DE VILLE ET DE CAMPAGNE,
(2ᵐᵉ ÉDITION DU MAGASIN THÉÂTRAL).
ILLUSTRÉE DE GRAVURES SUR BOIS ET DE PORTRAITS D'ACTEURS.
Chaque volume se vend séparément : 3 fr. 50 c.

TOME PREMIER.

- Marino Faliero, tr. 5 a. par C. Delavigne. 50
- L'Homme du siècle, dr. h. 4 a. 40
- Le Royaume des Femmes, f. 1 a. 40
- Le Sauveur, com. 3 a. 40
- L'Amitié d'une jeune fille, m. 40
- Je serai Comédien, c. 1 a. 30
- Le Curé Mérino, dr. 5 a. 50
- Antony, d. 4 a. par A. Dumas. 50
- Le Mari d'une Muse, c.-v. 1 a. 30
- Les 4 Ages du Palais-Royal. 40
- Juliette, dr. 3 a. 40
- Une Dame de l'empire, c.-v. 1 a. 30
- La Paysanne demoiselle, v. 4 a. 40
- Les Liaisons dangereuses, dr. 40
- Un de plus, com.-v. 3 a. 40
- Le Doigt de Dieu, dr. 1 a. 40
- L'honneur dans le crime, dr. 50

TOME II.

- Catherine Howart, dr. en 5 a. par Alexandre Dumas. 50
- Une Passion, v. 1 a. 40
- La Vénitienne, dr. 5 a. 50
- Théophile, c.-v. 1 a. 30
- Pécherel l'empailleur, v. 30
- Estelle, com.-v. 1 a. 30
- L'Apprenti, vaud. 1 a. 40
- Salvoisy, com. 2 a. 40
- Lestocq, op.-c. 4 a. 50
- Turlut-le-Pendu, v. 1 a. 30
- Un Enfant, dr. 4 a. 40
- Le Capitaine Roland, c.-v. 30
- Le Nappe et le Torchon, c.-v. 40
- Les Duels, com.-v. 2 a. 40
- L'Ambitieux, com. 5 a. 50
- Le Commis et la Grisette, v. 30
- Heureuse comme une princesse 40

TOME III.

- Les Enfans d'Édouard, trag. 40
- Mari de la Veuve, A. Dumas. 40
- Les Deux Borgnes, fol.-v. 30
- Prêtez-moi 5 francs, mél. 40
- Le Juif errant, dr. fant. 50
- La Lectrice, vaud. 2 a. 40
- La Famille Moronval, dr. 5 a. 50
- Morin, dr. 5 a. 50
- Mon ami Grandet, vaud. 40
- Le Ramoneur, vaud. 30
- La vie de Napoléon, sc. épis. 80
- Latude, mél. hist. 5 a. 50
- La Prima Dona, v. 1 a. 40
- Georgette, vaud. 30
- Le For l'Évêque, vaud. 40
- Frétillon, vaud. 5 a. 50
- 1834 et 1835, rev. épis. 30
- La Fille de l'Avare, v. 2 a. 50

TOME IV.

- Napoléon, par Alex. Dumas. 50
- Atar-Gull, mél. 4 a. 40
- Être aimé ou mourir, c.-v. 30
- Dolly, dr. 3 a. 40
- Les Chauffeurs, mél. 3 a. 40
- Les Pages de Bassompierre. 30
- Farinelli, com.-hist. 3 a. 40
- La Nonne sanglante, dr. 5 a. 50
- La Marquise, op.-com. 1 a. 40
- Fich-Tong-Kang, v. 1 a. 40
- Mademoiselle Marguerita. 30
- Les Gants jaunes, v. 1 a. 30
- Le Cheval de bronze, o.-c. 3 a. 40
- Les Beignets à la Cour, c. 1 a. 30
- Le Père Goriot, v. 2 a. 40
- Fleurette, dr. 3 a. 40
- Étienne et Robert, v. 30
- Une Mère, dr. 2 a. 40

TOME V.

- Charles VII, tragédie en 5 actes, par Alexandre Dumas. 50
- Mme d'Egmont, com. 3 a. 40
- La Traite des Noirs, dr. 50
- Karl, dr. 4 a. 40
- La Croix d'or, c.-v. 2 a. 40
- Jeanne de Flandre, mél. 40
- Une Chaumière et son Cœur. 40
- On ne passe pas, v. 1 a. 30
- Cornaro, parodie d'Angelo. 40
- Cromwell, dr. 5 a. par Cordelier Delanoue. 50
- Mathilde, com. 3 a. 40
- Ma Femme et mon Parapluie. 40
- La Berline de l'Emigré, d. 5 a. 50
- Le Curé de Champaubert, v. 40
- L'Habit ne fait pas le moine. 40
- Marguerite de Quélus, d. 2 a. 40
- Les deux Reines, op.-c. 30

TOME VI.

- Thérésa, d. 5 a. par A. Dumas. 50
- Charlotte, dr. 3 a. 40
- La Consigne, com.-v. 1 a. 30
- Pauvre Jacques, c.-v. 1 a. 40
- Madelon Friquet, v. 2 a. 40
- L'Aumônier du régiment, 1 a. 40
- Un Mariage sous l'empire, v. 2a. 40
- La Pensionnaire mariée, c.-v. 40
- Le Mariage raisonnable, 1 a. 30
- La Tirelire, com.-v. 1 a. 40
- La Tache de sang, dr. 3 a. 40
- La Savonette impériale, v. 40
- André, vaud. 2 a. 40
- Jean-Jean, parod. en 5 piè. 50
- La Sonnette de nuit, c.-v. 1 a. 40
- La Fiole de Cagliostro, v. 40
- Infidélités de Lisette, v. 3 a. 40
- Les Enragés, tab. villageois. 30
- Jérusalem délivrée. 50

TOME VII.

- Angèle, d. 5 a. par Alexandre Dumas. 50
- L'homme du monde, dr. 5 a. 50
- Le Conseil de révision, v. 4 a. 40
- Le Procès du mar. Ney, 4 a. 30
- Valentine, dr.-vaud. 2 actes par Scribe et Mélesville. 40
- Coquelicot, vaud. 3 a. 40
- Pensionnat de Montereau. 30
- La Folle, dr. 3 a. 40
- Le Gamin de Paris, c.-v. 2 a. 50
- Le Transfuge, dr. 3 a. 40
- M. et Mme Galochard. 40
- Les Chansons de Désaugiers. 50
- Le Prévôt de Paris, mél. 3 a. 40
- Gil-Blas, vaud. 3 a. 40
- Renaudin de Caen, c.-v. 2 a. 40
- Chut! 2 actes, par Scribe. 40
- Cotillon III, c.-v. 1 a. 40

TOME VIII.

- La Chambre Ardente, d. 5 a. par Mélesville et Bayard. 50
- Le Moine, dr. 4 a. 40
- Héloïse et Abeilard, dr. 5 a. 50
- La Laide, dr. 3 a. 40
- L'Enfant du Faubourg, v. 3 a. 40
- L'Ingénieur, dr. 3 a. par Charles Duveyrier. 40
- Don Juan de Marana, myst. par Alexandre Dumas. 50
- Le Démon de la Nuit, v. 2 a. 40
- Un Procès criminel, c. 3 a. par Rosier. 50
- Le comte de Horn, dr. 3 a. 40
- Un Bal du grand monde, v. 1a. 40
- Le Barbier du roi d'Aragon, 3. par Dupeuty, Fontan et Ader. 40
- Reine, Cardinal et Page, v. 30

TOME IX.

- La D. de la Vaubalière, d. 5 a. 50
- Jeanne Vaubernier, c. 3 a. 40
- Indiana, dr. 5 parties. 50
- Jours gras sous Charles IX, dr. par Lockroy et Arnould. 40
- Mistress Siddons, c.-v. 2 a. 40
- Tout ou Rien, dr. 3 a. 40
- Amarampo, dr. 4 a. et 6 tab. 50
- Christiern, mél. 3 a. 40
- Casanova, v. 3 a. 40
- Georgine, com.-v. 1 a. 30
- Sir Hugues, par Scribe, dr. 40
- Arriver à propos, v. 1 a. 30
- Marie, par Mme Ancelot. 50
- Pierre le Rouge, par de Rougemont, Dupeuty et Antier. 40
- La Femme de l'Épicier, v. 1 a. 30
- L'Épée de mon Père, v. 1 a. 30

TOME X.

- Kean, drame en 5 actes, par Alexandre Dumas. 50
- Père et Parrain, v. 2 a. 40
- Les Deux divorces, c.-v. 1 a. 40
- Un Cœur de mère, c.-v. 2 a. 40
- Jaffier, dr. 5 a. 50
- Le Muet d'Ingouville, c.-v. 2 a. 40
- El Gitano, mél. 5 a. 50
- Léon, drame en cinq ac. par Rougemont. 50
- Fils d'un agent de change, 1 a. 30
- Le comte de Charolais, 3 a. 40
- Le Mari de la Dame de chœurs. 50
- Roquelaure, vaud. 4 a. 50
- Madame Favart, com. 3 a. par Xavier et Masson. 40

TOME XI.

- L'Ânée sur la Sellette, r. 1 a. 30
- Le Secret de mon Oncle, v. 1 a. 30
- La Nouvelle Héloïse, dr. 5 a. 40
- Gaspardo, par M. Bouchardy. 50
- La Chevalière d'Eon, v. 3 a. 40
- Le Postillon de Lonjumeau. 40
- Austerlitz, évén. hist. 3 a. 40
- Le Muet de St-Malo, v. 1 a. 30
- Riche et Pauvre, dr. 5 a. 50
- Stradella, com. 1 a. 40
- La Laitière et les 2 Chasseurs. 30
- Huit ans de plus, mél. 5 a. 40
- La Champmeslé, c.-anec. 2 a. 40
- Michel, com.-vaud. 2 a. 40
- Les Sept Infans de Lara, d. 5 a. 50
- Paraviédès, dr. 3 a. 40
- Père et Fils, vaud. 1 a. 30
- Le Portefeuille ou 2 Familles. 50

TOME XII.

- Riquiqui, com.-vaud. 3 a. 40
- Un Grand Orateur, c.-v. 1 a. 30
- Trop Heureuse, c.-v. 1 a. 40
- Le Paysan des Alpes, dr. 5 a. 50
- La Vieillesse d'un grand Roi. 40
- L'Étudiant et la Grande D. c. 5
- La Comtesse du Tonneau, v. 2 a. 50
- Polly, com.-vaud. 3 a. 50
- Le Bouquet de bal, c. 1 a. 40
- La Vendéenne, c.-v. 2 a. 50
- Julie, com. 5 a. 50
- L'honneur de ma mère, d. 3 a. 50
- Eulalie Granger, dr. 5 a. par Rougemont. 50
- Schubry, c.-v. 1 a. 40
- L'Ange gardien, dr.-v. 3 a. 50
- Miel et Vinaigre, c.-v. 1 a. 40
- Femme et Maîtresse, c.-v. 1 a. 30

TOME XIII.

- Un Chef-d'Œuvre inconnu. 40
- Jeanne de Naples, dr. 5 a. 50
- Le Gars, dr. 5 a. 50
- Vouloir c'est pouvoir, c.-v. 2 a. 40
- Mina, com.-vaud. 2 a. 40
- Le 3me et le 4me, v. 1 a. 30
- Le Père de l'Enfant, c.-v. 2 a. 40
- Sans Nom! myst. 1 a. 40
- L'Agrafe, mél. 3 a. 40
- Le Mari à la ville et la Femme à la campagne, c.-v. 2 a. 40
- Une Fille de l'Air, f. 3 a. 50
- Le Château de ma Nièce, c. 1 a. 30
- La Fille d'un Militaire, c.-v. 2 a. 40
- La Tour de Faction, v. 1 a. 30
- La double échelle, o.-c. 1. 40
- Bruno le Fileur, 2 a. 50
- Un jour de Grandeur, dr. 3 a. 40

TOME XIV.

- Le Tourlourou, vaud. 5 a. 50
- Le Bon Garçon, op.-c. 1 a. 30
- L'Officier Bleu, dr. 3 a. 0
- Portier je veux de tes cheveux. 40
- Rita l'Espagnole, dr. 4 a. 50
- Piquillo, op.-com. 3 a. 40
- Le Café des Comédiens, v. 1 a. 40
- Thomas Maurevert, dr. 5 a. 50
- Pauvre Mère, dr. 5 actes par Francis Cornu et Auger. 50
- Spectacle à la Cour, c.-v. 2 a. 40
- Le Domino Noir, op.-c. 3 a. par Scribe. 50
- Longue-Épée, dr. 5 a. 50
- Marie Padilla, en 3 a. 40
- Roméo et Juliette, trag. a. par Frédéric Soulié. 0
- La Folie Beaujon 30

TOME XV.

- Marquise de Senneterre, c. 3 a. 40
- Caligula, 5 a. par A. Dumas. 50
- L'Ile de la Folie, r. 1 a. 30
- La Dame de la Halle, v. 2 a. 40
- Les Saltimbanques, par. 3 a. 50
- A Trente Ans, v. 3 act. par Rosier. 40
- L'Élève de St-Cyr, dr. 5 a. 50
- Marcel, dr. 4 a. 50
- La Maîtresse de Langues, 1 a. 40
- Le Cabaret de Lustucru, 1 a. 40
- L'Interdiction, dr. 2 a. 40
- Le Pauvre Fille, mél. 5 a. 50
- Isabelle, com. 3 a. 40
- La Petite Maison, c.-v. 2 a. 40
- La Demoiselle Majeure, v. 3 a. 30
- M. et Mme Pinchon, c.-v. 1 a. 30
- Mlle Dangeville, c.-v. 1. 40

TOME XVI.

- Arthur, c.-v. 2 a. 40
- Les Suites d'une faute, d. 5 a. 50
- Les Enfans du délire, v. 1 a. 40
- Matéo, d. 5 a. 50
- Le Mariage en Capuchon, v. 2 a. 40
- A bas les hommes! v. 1 a. 40
- La Bourse de Pézénas, v. 1 a. 30
- Lord Surrey, dr. 5 actes par Fillion et de Josserand. 50
- Simon Terre-Neuve, c.-v. 1 a. 30
- Gaspard Hauser, dr. 4 a. par Anicet et D'ennery. 50
- Les deux Pigeons, c.-v. 4 a. 40
- Mathias l'Invalide, c.-v. 2 a. 40
- Impressions de Voyages, v. 2 a. 40
- Geneviève de Brabant, mél. fa. 50
- Rafaël, dr.-com. 3 a. 40
- Faute de s'entendre, com. 1 a. 4

LA BOUQUETIÈRE

DU

MARCHÉ DES INNOCENTS,

VAUDEVILLE EN TROIS ACTES,

PAR MM. LUBIZE ET DALLARD,

REPRÉSENTÉ POUR LA PREMIÈRE FOIS, A PARIS, SUR LE THÉATRE DES DÉLASSEMENTS-COMIQUES, LE 3 AVRIL 1847.

Distribution :

PERSONNAGES.	ACTEURS.	PERSONNAGES.	ACTEURS
LE MARQUIS DE MATIGNON....	M. LERICHE.	LOUISE DE MATIGNON......	Mlle V. MERCIER.
LE CHEVALIER DE LISTENAY...	M. SÉGUIN.	MARGUERITE, bouquetière...	Mlle ALPHONSINE.
LE COMMANDEUR DE PONTCHAR-		JAVOTTE, marchande à la halle.	Mlle EUGÉNIE.
TRAIN.................	M. BARTHÉLEMY.	DUBOIS, valet de Matignon ..	JULIAN.
JONET, garçon boulanger.....	M. MARKAIS.	SEIGNEURS, DAMES DE LA HALLE, PEUPLE.

La scène se passe sous Louis XIV : au 1er acte, à Paris, à la halle ; aux 2e et 3e, à Versailles, à l'hôtel de Matignon.

ACTE PREMIER.

Le théâtre représente le marché des Innocents. —A droite, au 1er plan, la maison de Marguerite. Après la maison, la place de Marguerite couverte d'un parapluie. — A gauche, au 1er plan, le cabaret des Quatre Fils Aymon ; au 2e plan, une boutique de boulanger, et au 3e la place de Javotte.

SCÈNE PREMIÈRE.

JAVOTTE, JONET, MARCHANDES et CHA-
LANDS.

Au lever du rideau, Javotte est assise sous son parapluie. — Jonet, un pain sous le bras et un panier de braise à la main, est au milieu du théâtre, et contemple la place vide de Margue-rite.

CHOEUR.

AIR : *Quel repas!* (Trois Amoureux de Mariette.)

Admirons,
Achetons,
Cuisinières,
Commères,
Demandons,
Marchandons,
Au marché vite accourons.

REPRISE DU CHOEUR.

La foule se dissipe. — Javotte quitte sa place et descend vers Jonet.

SCÈNE II.

JONET, JAVOTTE.

JAVOTTE. Qu'est-ce que tu fais là, toi, cor-nichon ?... C'est comme ça que tu le chauf-fes, ton four ?

JONET, *sans l'écouter*. Cette porte est-elle heureuse !

JAVOTTE. Comment ! cette porte... imbé-cile !...

JONET. Ah ! c'est vous, cousine Javotte... bonjour... Cette porte, en regardant en de-dans, elle voit Marguerite, la joie Margue-rite... Moi, quand je regarde en dedans, je ne vois rien.

JAVOTTE. Et quand tu regardes en dehors, tu ne vois pas grand chose.

JONET. Ah ! cousine Javotte, c'est votre cousin Jonet qui en a une dose de chagrin.

JAVOTTE. Du chagrin !... Eh ! d' quoi qu' t'as donc, joufflu ?

JONET. J'ai la chose d'être jaloux !... ja-

1847

loux que j'en engraisse... Enfin il n'y a pas d' jour où je n' l·sse des bri·ches!

JOVOTTE. Eh ben! c'est ton état, quoi! un boulanger!... Mais pourquoi qu' t'es jaloux?... L'objet qu'est ta coqueluche est un objet sage...

JONET. Cousine Javotte, il y a des bruits.

JAVOTTE. Quels bruits?

JONET. On dit comme ça que Marguerite, qui est toujours entourée de jeunes seigneurs qui viennent ici se prendre de bec avec les poissardes, s'est laissée enjoler...

JAVOTTE. C'est pas vrai!... Marguerite n'est pas une fille à ça!...

JONET. Enfin, vous, cousine, vous les connaissez bien, ces seigneurs... l' marquis de Matignon...

JAVOTTE. Un joli homme!... pristi!

JONET. Joli!... Est-ce que c'est ça que je vous demande!... Ces femmes, ça ne pense qu'aux beautés du corps!... J' vous dis, cousine Javotte, que l' marquis, j'en ai peur, chauffe le même four que moi...

JAVOTTE. C'est des bêtises! Marguerite a des sentiments qui n' sont pas ceux des personnières de la balle... C'est une jeunesse sage et ben éduquée qui aimera mieux s'épouser conjugalement avec un quelque z'un d'honnête comme toi zet moi, plutôt qu' d'écouter les giries des seigneurs...

JONET. Je n' demande que ça... foi d'homme!... Cependant il y a quelque chose qu'est louche... R·gardez... Marguerite qui était toujours la première au marché, s'épanouissant sous son parapluie rouge comme une rose pompon... Pas encore étalée, et six heures viennent de toquer à Saint-Eustache!...

JAVOTTE. C'est tout d' même vrai... depuis une huitaine elle est bien faignante!

JONET. Et puis pourquoi qu'elle s'est requinquée hier au soir? c'éta·t pas fête... Pourquoi qu'elle s'est absentée la moitié du jour? ousqu'elle a posé pendant tout ce temps?

JAVOTTE. C'est tout d' même vrai.

JONET. Et puis...

JAVOTTE. Et puis?

JONET. Elle mange trop.

JAVOTTE. Comment qu' tu dis?

JONET. Quatre livres de pain par jour, pour une jeunesse qu'est grosse comme une sardine... c'est salé, ça!

JAVOTTE. Mais puisqu'elle élève des serins, serin!

JONET. Des serins!... et si ces serins n'étaient pas des serins!... si c'était un coq... hein?

JAVOTTE. T'es bête!... Marguerite élever un coq!... va donc!... tu te mets des marteaux dans la tête à propos de bottes!

JONET. Possible, cousine, mais c'est égal, j'ai le cœur comme un pain qui n'est pas cuit... ça gonfle, ça gonfle!... et comme je vas lui porter sa miche et sa braise, je me suis mis là que je saurais tout, et je l' saurai...

Il frappe à la porte de Marguerite.

MARGUERITE, *en dehors.* Qui est là?

JONET, *à part.* C'est sa voix!... ça me la coupe! (*Haut.*) Mamzelle Marguerite, c'est moi, Jonet, avec un pain et de la braise... bien cuit, comme vous l'aimez.

SCÈNE III.

LES MÊMES, MARGUERITE.

Marguerite entre et referme vivement la porte.

AIR *nouveau de M. Kriesel.*

MARGUERITE.

Je suis la bouquetière,
Et j'offre à tous chalands
Ma rose printanière,
Mes œillets odorauts.
Je suis accommodante.
Toujours je ris et chante,
Allons, pour quelques sous,
Messieurs, fleurissez-vous.
Plus d'un seigneur d'mérite,
Tournant autour de moi,
Me dit : Bell' Marguerite,
Je meurs d'amour pour toi!
A l'ardeur qui m'enflamme
Donne ton cœur, ton âme!
Nenni da! messeigneurs,
Je ne vends que mes fleurs;
Car je suis bouquetière, etc.

JONET, *à part.* L'est-elle, réjouissante!... l'est-elle!

MARGUERITE. Bonjour, Javotte... bonjour, Jonet!... (*A Jonet.*) Ça va bien, mon gros?

JONET. Pas mal, et vous, mamzelle Marguerite?... C'est-à-dire... si, ça va mal!

MARGUERITE. Vous êtes malade, Jonet?

JONET. Non... c'est-à-dire... si...

MARGUERITE. Qu'est-ce que vous avez?

JONET. Rien.

MARGUERITE. Eh ben! ne restez pas là planté comme une grue et venez m'aider à traîner ma manne, vous serez gentil... Allons!... (*Jonet traîne une manne de fleurs devant la place de Marguerite qui en pare sa boutique en le regardant en dessous.*) Ah! ça, mais qu'est-ce qu'il a donc, aujourd'hui, mon amoureux?... Dites donc, Jonet, vous avez l'air plus bête qu'à l'ordinaire, mon garçon.

JONET. Possible!

JAVOTTE, *retournée à sa place.* C'est-il melon, les hommes, quand ça aime!

MARGUERITE. Jonet!... approchez ici... là.... plus près... Maintenant, parlons peu, parlons bien... nous devons nous marier tous deux, pas vrai?

JONET. Oui, mamzelle Marguerite.

MARGUERITE. Bon !... vous savez que je vous aime, Jonet, quoique vous ne soyez qu'une bête et que je sois une fille d'esprit...

JONET. Oui, mamzelle Marguerite.

MARGUERITE. Bon !... maintenant si vous avez changé d'avis... Eh! garçon, faut pas vous gêner... nous casserons une paille et tout sera dit, voilà! Un de perdu, deux de retrouvés... j'en ai plus de quatre qui, si je voulais... et d'abord le marquis de Matignon et le vieux commandeur...

JONET. Le marquis !... oh! jarnidieu! n' parlez pas d' celui-là !.. j'ai la chair de poule rien que d'y penser !... Ah ! mamzelle Marguerite, mon cœur se lézarde !...

JAVOTTE, descendant. Faut que j' m'en mêle, sans ça il y en aurait pour jusqu'à la Trinité !... (Elle pousse Jonet.) Ote-toi de là, toi, cantalou, j' vas parler.

MARGUERITE. Qu'est-ce qu'il y a donc, Javotte ?... (A part.) Auraient-ils surpris mon secret ?

JONET. C'est ça, parlez-y, vous cousine Javotte, moi, ça m'étrangle.... je n'articule pas...

JAVOTTE. Il y a des choses, Marguerite!... des choses qui seraient complétement inférieures si elles étaient vraies .. mais j'en suis sûre, c'est des cancans... je te connais Marguerite, c'est pour ainsi dire moi qui t'a élevée lorsque t'as perdu tes parents... pour lors, j'ai dans la conscience que t'es pas susceptible de la chose en question.

MARGUERITE. Mais qu'est-ce que c'est donc? qu'est-ce qu'on me reproche?... (A part.) Je tremble malgré moi.

JONET. Dites-y.

AIR : Est-ce ma faute, à moi (Coqueluche du Quartier).

C'est des bruits conséquents,
On dit dans tout' la halle
Qu'oubliant la morale
Il t' faut plusieurs amants;
Qu' pour l'avoir sous la main
Tu retiens dans un' cage
Un oiseau dont l' plumage
N'est pas celui d'un s'rin ;
Qu'on te voit tous les jours
Mettre d' nouveaux atours,
  Te coiffer,
  T'atiffer,
  T' pavaner,
  T' bichonner,

Sans compter que tu l' nourris
De blancs d' poulets et d' biscuits.
C'est des bruits conséquents, etc.

MARGUETITE, à Jonet. C'est toi qui fais courir ces bruits-là, imbécile !

JONET. Moi !

JAVOTTE. C'est pas lui... c'est tout un chacun et une chacune... on jase, quoi !

MARGUERITE. Ce sont des cancans que je méprise comme un vieux caraco, et je m'étonne que toi, Javotte, qui es une femme sensée, tu aies pu croire à tout ça !

JAVOTTE. Dame! mon enfant, tu sais... Il n'y a pas d'fumée sans feu... mais il y a un moyen d'renfoncer les langues.... Ou dit que tu caches un amant chez toi... donne-moi ta clef, j'vas tout visiter.

MARGUERITE, à part. Ciel!

JONET. Bon ! très-bon !

JAVOTTE. Et si je n'trouve pas d'chrétien comme je l'crois... n'aie pas d'peur !... J'vas sur le carreau d'la halle et j'dis aux camarades : J'ai tout vu chez Marguerite la bouquetière, c'est sain comme l'œil, frais comme ma marchandise.... Maintenant si une quéque-z'une a l'toupet de dire un mot sur elle, c'est à moi, Javotte, qu'elle aura affaire !.... (Elle prend son sabot à la main.) Elle verra d'quel bois je me chausse !

MARGUERITE. Merci, Javotte, merci...

JAVOTTE. Amène ta clef.

MARGUERITE, hésitant. C'est que...

JONET. Elle refuse !

MARGUERITE. Non... non !... vous donner ma clef... je ne le peux pas... je ne le veux pas !... Qu'on croie de moi tout ce qu'on voudra, tant pis!.. Je suis une honnête fille, je le dis tout haut, sans rougir, parc·· que je ne mens pas ; mais vous laisser entrer chez moi... non, jamais !... (A part.) C'est dur de passer pour ce qu'on n'est pas ! mais il le faut !

JAVOTTE. Alors j'n'ai plus qu'une chose à te dire, c'est qu't'es une rien du tout et que j'défends à mon cousin de jamais t'interlocuter d'une parole... (A Jonet.) Tu entends, toi ?... Si j't'y prends, j't'abîme !

JONET. Moi ! moi ! adresser quelque chose à cette.. une fille qui nourrit des hommes... avec du pain que je lui cuis.... une fille que...

MARGUERITE. Ah ! dites donc, vous, hé!... Tâchez un peu de vous modérer !... Javotte est mon amie, et quoiqu'elle dise et pense du mal injuste de moi, j'l'aime tout d'même... mais vous...

AIR de Turenne.

Un homme insulter une femme,
C'est de la lâch'té, voyez-vous...
Comme il est le plus fort, l'infâme,

Il espèr' braver son courroux...
Mais moi, je vous l' dis entre nous,
Si ma vertu s' trouvait écorniflée
Par vos propos, je m' vengerais, c'est certain ;
Car j' suis bouq'tière, et dans la main
J'ai toujours une giroflée.

JONET. Mais, mamzelle Marguerite, si vous vouliez...

MARGUERITE. Ah ! laissez-moi un peu tranquille, hein, maintenant !

JAVOTTE. Allons, file à ton four, toi, et souviens-toi de ce que je t'ai dit... si t'y parles jamais... je te mets la face en couleur.

Elle pousse Jonet, qui entre dans la boutique du boulanger. — Elle disparaît.

SCÈNE IV.

MARGUERITE, *seul.*

Ça crève le cœur tout d'même d'passer pour une pas grand chose quand on n'a rien à se reprocher... jusqu'à cet imbécile de Jonet qui me croit capable... Il me payera ça plus cher qu'au marché !... Comme si j'avais pu faire autrement !... fallait donc le laisser mourir à ma porte ce pauvre jeune homme, ou le laisser arrêter pour qu'on le mette à la Bastille et qu'on lui coupe le cou !... Allons donc !... Marguerite la bouquetière est connue pour son cœur... et je dis qu'il est bon.

SCÈNE V.

MARGUERITE, LE CHEVALIER.

LE CHEVALIER, *sortant de la maison.* Marguerite !

MARGUERITE. Ah ! mon Dieu ! monsieur le chevalier !... si l'on vous voyait, vous seriez perdu... rentrez, rentrez vite !

LE CHEVALIER. Pauvre enfant ! j'ai tout entendu ! j'étais à cette fenêtre... Pour moi, vous vous perdez de réputation... votre honneur, votre vertu sont soupçonnés...

MARGUERITE. C'est vrai... mais qu'est-ce que ça fait, pourvu que je vous sauve ?

Air : *Je puis la recevoir encore.*

Croyez-vous que la médisance
Ne se lassera pas un jour ?
Croyez-vous que la Providence
M'abandonne encore à son tour ?

LE CHEVALIER.

Non, Marguerite, mon bon ange,
Dieu, ton seul guide, ton appui,
Doit te rendre un jour en échange
Le bien que tu fais aujourd'hui.

MARGUERITE. Bah ! laissez donc, monsieur le chevalier, un ange , moi !... vous voulez rire... un ange en sabots et en caraco d'indienne... qui a fait pour vous ce que toutes les autres auraient fait.. Pardi! la belle malice!

LE CHEVALIER. Beaucoup auraient craint de se compromettre.

MARGUERITE. Est-ce qu'on pense à ça à la halle?... Et puis, s'il n'y avait pas quelque danger à faire le bien, où serait le mérite ? Vous arrivez chez moi, un soir, comme je ferme ma porte... Vous êtes couvert de sang, de poussière, et vous me dites : Mon enfant, je suis le chevalier de Listenay, je viens de me battre en duel, je suis blessé... on me poursuit... si l'on m'arrête, je suis perdu... sauvez-moi ou livrez-moi. Fallait donc vous livrer ?... Merci ! j'en aurais eu un poids là toute ma vie !

LE CHEVALIER. Généreuse fille ! et le guet a perdu ma trace... et depuis huit jours vous me cachez...

MARGUERITE. Le premier soir, pour vous dire vrai, ça me chiffonnait assez... Heureusement que j'ai un appartement un peu soigné... une pièce en haut, une pièce en bas... en deux temps je vous fais un lit au premier et je m'installe au rez-de-chaussée.

LE CHEVALIER. Et vous mettez le verrou à la porte de l'escalier..... Vous vous méfiez de moi, Marguerite... c'était mal !

MARGUERITE. Dame! voyez-vous... vous autres grands seigneurs n'y regardez pas de si près... Et comme je n'ai que mon honneur, j'y tiens... pour moi d'abord et ensuite... pour cet imbécile de Jonet que j'ai la faiblesse de considérer encore, après son avanie de ce matin...

LE CHEVALIER. C'est vrai... nous autres grands seigneurs... mais moi, mon enfant, j'ai dans le cœur une passion profonde... D'ailleurs, je vous estime trop pour vous aimer.

MARGUERITE. Merci, monsieur le chevalier... foi d'honnête fille, ça me fait du bien cette parole-là... Vous avez une passion?... pas malheureuse au moins?

LE CHEVALIER. Très-malheureuse au contraire... Une jeune personne que j'ai demandée à son frère, le seul parent qui lui reste... il m'a refusé.... Mais le cœur de Louise est comme le vôtre, Marguerite... Elle m'aime , et rien au monde ne la déciderait à trahir son amour.... Je vous ai parlé hier d'une lettre en vous priant de la porter... Elle est pour Louise... Son service l'appelle aujourd'hui près de madame de Maintenon... peut-être pourra-t-elle l'intéresser à moi.

MARGUERITE. Cette lettre... donnez, donnez... j'y vais tout de suite. (*Elle regarde la lettre que lui donne le chevalier.*) Ce nom !...

LE CHEVALIER. Mademoiselle de Matignon!

MARGUERITE. Je ne connais que ça.... c'est-à-dire, pas la demoiselle... le frère... un beau garçon...

LE CHEVALIER. Où l'avez-vous vu ?

MARGUERITE. Il est ici toute la journée... Il vient se prendre de bec avec les dames de la halle et déjeuner chez Durand , là, au cabaret des Quatre Fils Aymon... Les mauvaises langues disent qu il me fait la cour... (*Bruit dans la coulisse.*) Mais j'entends les dames du petit marché qui attrapent quelqu'un... Rentrez, monsieur le chevalier, rentrez vite !

LE CHEVALIER. Et ma lettre ?...

MARGUERITE. Un bout de toilette et je cours la porter... Vite! vite!

Elle fait rentrer le Chevalier. — Au même instant le marquis de Matignon paraît avec plusieurs Seigneurs entouré par la foule. — Marguerite rentre aussi.

SCÈNE VI.

LE MARQUIS DE MATIGNON, Seigneurs.

MATIGNON, *à la cantonade.* Allez donc, casaquins mal blanchis, vieilles chauves-souris en caraco gris, marchandes à quatre d'un sou, avec vos harengs passés, vos merlans fanés, vos nez avinés !... (*Se retournant.*) Marguerite n'est pas à sa place... Tandis que je conversais avec ces dames elle s'est éclipsée... J'en sais de belles sur son compte à présent... et par la prière ou par la menace... Pour commencer je passe la journée ici. (*Aux Seigneurs qui descendent.*) Messieurs, je paye une matelotte chez Durand, aux Quatre Fils !... Joie générale! nous boirons à mon succès... et surtout vive la joie !... Ici point de contrainte, de gêne... nous sommes à la halle, messieurs.

Un garçon marchand de vin apporte du champagne. — Matignon et les Seigneurs boivent.

ENSEMBLE.

AIR : *Ici voici* (Marquis de Lansac).

Ici
Voici
Du champagne
Et du vin d'Espagne ;
Allons,
Fêtons,
Buvons,
Vidons
Ces longs
Flacons.

MATIGNON.

Coulez à flots, vins délectables,
Au fond du verre est le bonheur ;

C'est vous qui nous rendez aimables,
C'est vous qui doublez notre ardeur.
A la cour, vins et grandes dames,
Tout est faux, tout est apprêté ;
A la halle, liqueurs et femmes,
Tout est franc, rien n'est frelaté.

ENSEMBLE.

Ici
Voici, etc.

SCÈNE VII.

LES MÊMES, LE COMMANDEUR.

LE COMMANDEUR. Ah! Matignon!... ah! Ravannes!... Oh! du champagne !... J'arrive à temps!...

MATIGNON. Bonjour , commandeur... Par quel hasard ?...

LE COMMANDEUR. Tout à l'heure... (*Il tend son verre à toutes les bouteilles, qui sont vides.*) Je suis arrivé trop tard.

MATIGNON. C'est votre habitude... (*Aux Seigneurs.*) Messieurs, attendez-moi au cabaret et commandez le menu... Je suis à vous...

Les seigneurs entrent au cabaret.

LE COMMANDEUR. J'étais sûr de vous rencontrer ici, marquis... Cela me rassure peu au sujet de certains projets que j'ai sur une certaine Marguerite...

MATIGNON. Ah! mais, commandeur, j'ai des droits antérieurs aux vôtres sur la jolie bouquetière.

LE COMMANDEUR, *à part.* J'arrive encore trop tard ! (*Haut.*) Ce que l'on disait l'autre soir à la table de pharaon du Roi, serait donc vrai, marquis ?

MATIGNON. Cela m'étonnerait... On y débite tant de mensonges... Cependant... que disait-on ?

LE COMMANDEUR. Que le marquis de Matignon n'avait rompu d'une façon si éclatante avec Mme de Luxembourg que pour pouvoir se livrer à son aise à une passion de bas étage... On parlait d'une écaillère... C'est une bouquetière... Il n'y a de différence que dans le parfum !

MATIGNON. C'est du dernier sot, commandeur... J'ai rompu avec Mme de Luxembourg pour des raisons... à moi connues... et que vous me permettrez...

LE COMMANDEUR. Comment donc, Marquis !... ah !...

MATIGNON. Quant à la jolie Marguerite, la charmante bouquetière des Innocents, c'est autre chose... J'ai mis en campagne Dubois, mon premier valet de chambre. Il m'a rapporté certains renseignements...

LE COMMANDEUR. Sur Marguerite ?

MATIGNON. Au moyen desquels... je vais la faire enlever aujourd'hui.

LE COMMANDEUR. Comment ! aujourd'hui ! en plein jour !...

MATIGNON. Pourquoi pas ?

LE COMMANDEUR. Allons donc, marquis !... Vous n'y songez pas ?... La petite est sage, dit-on.

MATIGNON. Sage !... une bouquetière !... Ah ! commandeur, vous êtes d'une naïveté... d'un autre siècle.

LE COMMANDEUR. Et le guet... s'il s'en mêle.

MATIGNON. On le rossera... l'habitude en est prise.

LE COMMANDEUR. Marquis, vous êtes le plus grand vantard !...

MATIGNON. Vous me piquez au jeu !... Je parie mille louis !.

LE COMMANDEUR. Que vous enlevez Marguerite aujourd'hui... en plein jour... ici... à la halle !...

MATIGNON. Aujourd'hui, en plein jour, ici, à la halle...

LE COMMANDEUR. Ah ! parbleu ! je les tiens !...

MATIGNON. C'est mille louis que vous me devez.

LE COMMANDEUR. Pas encore, marquis ; mais auparavant réfléchissez un peu... Nous sommes légèrement parents, et je ne voudrais pas qu'une folie... Sa Majesté est fort sévère sur l'article du scandale...

MATIGNON. Bah ! l'enlèvement d'une fillette n'est pas un cas pendable !

LE COMMANDEUR. Non, mais c'est un cas de Bastille...

MATIGNON. A propos, et le chevalier de Listenay, l'a-t-on retrouvé ? Avez-vous enfin une réponse de M. le lieutenant de police ?

LE COMMANDEUR. Non... On n'a pu encore découvrir les traces du chevalier... Il nous a échappé bien malheureusement... Nous avions avis de son duel... Toutes mes mesures étaient prises... C'est moi qui conduisais le guet ; nous sommes arrivés trop tard...

MATIGNON. Vous conduisiez le guet ?... Alors cela ne m'étonne pas...

LE COMMANDEUR. On pense qu'après cette malheureuse affaire, qui a coûté la vie à notre parent commun, M. de Saint-Vallier, son adversaire aura gagné la Flandre.

MATIGNON. Et, ma foi, j'en suis charmé ! Le duel a eu lieu selon toutes les lois de l'honneur, et le chevalier de Listenay est un très-galant homme, bien qu'il ait osé me faire demander la main de ma sœur Louise... Lui, un pauvre cadet de famille, n'ayant pas à la cour la plus petite charge !...

LE COMMANDEUR. Je ne vous demande pas si vous l'avez refusé.

ATIGNON. Parbleu !... chut !... Margue-

rite sort de chez elle... Vous tenez le pari, commandeur ?

LE COMMANDEUR. Je n'ai qu'une parole.

SCÈNE VIII.

LES MÊMES, MARGUERITE, *en toilette.*

MARGUERITE. Là ! me v'là prête !... J'vas chercher la petite Catiche pour garder ma boutique, et puis... en avant ! porter la lettre à ce pauvre jeune homme...

MATIGNON *et* LE COMMANDEUR. Marguerite !

Ils la saisissent chacun d'un côté.

MARGUERITE. Eh ben ! allons donc ! allons donc !... A bas les mains, j'aime pas les gestes !

MATIGNON. Marguerite..... j'ai à te parler.

MARGUERITE. A moi ?

MATIGNON. Je veux te donner un bon avis...

MARGUERITE. Quoi donc que c'est, monsieur le marquis ?

MATIGNON. Il paraît que tu caches...

MARGUERITE. Moi ! Ça n'est pas vrai !

MATIGNON. Je ne t'ai encore rien dit ! (*A part.*) Ce coquin de Dubois était bien renseigné... Elle cache quelqu'un. (*Haut.*) Il paraît que tu caches un... un...

MARGUERITE. Un quoi ?

MATIGNON. Un... un prisonnier d'État échappé de la Bastille...

MARGUERITE. Oh ! ce n'est pas vrai !

MATIGNON. Je ne te dis cela que dans ton intérêt... Tu ne sais peut-être pas quelle peine on encourt pour recéler les malfaiteurs...

MARGUERITE. Qu'est-ce que ça me fait ?

MATIGNON. La prison de Saint-Lazare.

MARGUERITE. Où l'on met les voleuses et les mauvaises femmes ?... Ah ! mon Dieu !

LE COMMANDEUR. Que diable lui dit-il ?

MATIGNON. Maintenant, en échange de ce bon avis, tu vas te laisser embrasser.

MARGUERITE. Finissez, monsieur le marquis ! finissez donc. (*A part.*) Saint-Lazare !

LE COMMANDEUR. Marguerite, permets-moi...

MARGUERITE. Eh ! laissez-moi donc tranquille, vous, vieux débris. Voyons, qu'est-ce que vous voulez, monsieur le marquis ? Des pensées ? j'en ai des superbes, et vous qui êtes vieux, c'est des soucis qu'il vous faut.

LE COMMANDEUR. Petite méchante !

MATIGNON. Elle est charmante.

MATIGNON.

AIR : *Tiens, tiens* (Spectacle à la cour).

Viens, viens, viens, ne me fuis pas.

MARGUERITE.
Laissez-moi, grand escogriffe !

LE COMMANDEUR.
J'adore tes appas.

MARGUERITE.
Si vous me touchez je griffe.

LE COMMANDEUR *et* MATIGNON.
Viens, viens, viens, ne me fuis pas.

MARGUERITE.
Je vais jouer des bras,
Sans embarras
J' vas fair' du fracas.

LE COMMANDEUR.
Lorsque ma voix t'appelle
Et demande en ce jour
Un tantinet d'amour,
Oh ! ne sois pas cruelle !

MATIGNON.
Pourquoi tant regimber ?
A quoi te sert la lutte ?
C'est reculer ta chute
Pour bientôt mieux tomber.

ENSEMBLE.

LE COMMANDEUR *et* MATIGNON.
Viens, viens, ne me fuis pas.
Ah ! tu m'appelle escogriffe !
Prends garde à tes appas :
Je n'ai pas peur qu'on me griffe.
Viens, viens, viens, ne me fuis pas ;
Si tu joues des bras,
Sans embarras
Je fais du fracas.

MARGUERITE.
Ah ! ne me touchez pas,
Laissez-moi, grand escogriffe.
L' premier qui bouge un bras,
Foi d' bouqu'tière, je le griffe.
Allons, ne me touchez pas :
Je vais jouer des bras,
Sans embarras
J' vas fair' du fracas.

*Le Commandeur va pour embrasser Marguerite ;
mais c'est Matignon qui prend le baiser.*

LE COMMANDEUR. J'arrive trop tard.
MARGUERITE, *lui donnant un soufflet.*
Touché !
LE COMMANDEUR. Oh !
MATIGNON. Voilà qui vous apprendra à arriver trop tôt, Commandeur.

SCÈNE IX.

LES MÊMES, JONET.

JONET, *à part.* Oh ! jarnicoton !... qu'entr'aperçois-je ?... (*Il accourt et se met devant Marguerite.*) Ah ! mais dites donc, vous autres ! Hé !.
LE COMMANDEUR. Quel est ce malotru ?

MATIGNON. Que viens-tu faire ici, butor ?
MARGUERITE. Merci, Jonet.
JONET. De rien, mamzelle Marguerite... Moi, je... je flâne, monsieur le marquis... histoire de rire... A votre service, monsieur le marquis !
MATIGNON. Allons, file... laisse-nous !
LE COMMANDEUR. File !
MATIGNON. M'as-tu entendu ?... Va-t'en ! ou je te fais périr sous le bâton !
MARGUERITE. Monsieur le marquis !...
VOIX, *dans le cabaret.* A table ! à table !
MATIGNON. Corbleu ! on nous appelle !... L'exactitude est la politesse des rois... et des gourmands !... Commandeur, allons déjeuner !...
LE COMMANDEUR. Non. Mon service me rappelle à Versailles, auprès du roi.
MATIGNON. Vous y arriverez plus tard... A table !
LE COMMANDEUR. A table !

ENSEMBLE.

LE COMMANDEUR *et* MATIGNON.

AIR : *Quand on va boire à l'écu.*

Partons,
Oui, partons,
Nous boirons
Chacun en brave
Jusqu'au fond de la cave,
Et si de jambes nous manquons,
Sous la table nous resterons.

MATIGNON, *se retournant.* Eh bien, commandeur ?
LE COMMANDEUR, *qui envoie des baisers à Marguerite.* Je viens !

Le Commandeur et Matignon entrent au cabaret.

SCÈNE X.

MARGUERITE, JONET.

JONET, *accourant.* Marguerite ! mamzelle Marguerite ! voyez-vous, cousine Javotte dira tout ce qu'elle voudra... ça m'importe peu ! je m'en moque !... mais faut que j'vous répète que j'vous aime ; que c'matin j'vous ai fait une sottise, que j'en suis bien peiné ; que j'ai eu cent fois envie de m'donner à soi-même des coups d'pied n'importe où... Ouf ! j'en avais l'cœur plein... ça m'étouffait !
MARGUERITE. Pauvre Jonet !... Va, n'y pense plus ! je ne m'en souviens plus moi-même...
JONET. Mais aussi pourquoi que vous avez des secrets pour Jonet ?
MARGUERITE. Parce que ces secrets ne sont pas les miens, voilà !... Écoute, Jonet, crois-tu à mon amour ?
JONET. Ah ! Dieu ! si je pouvais y croire !...

MARGUERITE. Crois-tu à ma vertu?

JONET. Ah! diable!...

MARGUERITE. Réponds!

JONET. D'abord, mamzelle Marguerite, c'est-il vrai que vous avez un amant chez vous?

MARGUERITE. Je te jure que c'est faux!

JONET. Alors, j'crois à tout, foi d'homme! J'suis joyeux! j'ai une rage de faire un entrechat!... si j'faisais un entrechat?

MARGUERITE. Voyons, reste tranquille... Tu as confiance en moi, alors?

JONET. Pleine et aveugle!

MARGUERITE. Eh bien, n'écoute rien de c'qu'on dira de moi... si tu vois quelque chose de louche, fais pas attention... Un temps viendra où tu sauras tout... et tu s'ras l'premier à m'dire: T'as bien fait!

JONET. Oh! j'y crois! j'y crois!

MARGUERITE. Aie confiance... et pour commencer, va me chercher un fiacre!

JONET. Hein?

MARGUERITE. J'ai une course à faire... c'est loin, et faut que je revienne tôt... Va!

JONET. Mais pourquoi faire cette course? Pourquoi qu'hier et aujourd'hui?...

MARGUERITE. C'est ça ta confiance?... merci!...

JONET. J'y vas! mamzelle Marguerite, j'y vas!... Mais c'est que... J'y vas! j'y vas!... cependant...

MARGUERITE, *se retournant*. Encore!

JONET. J'y vas! j'y vas!

Il sort.

SCÈNE XI.

MARGUERITE, *seule*.

Quel brave garçon que ce Jonet!... quel bon mari ça fera!... Pourvu qu'il ne me fasse pas trop attendre... (*Elle lit l'adresse de la lettre.*) Mlle Louise de Matignon, hôtel d'Escars, rue Saint-Dominique... C'est son oncle cet Escars-là... (*Bruit.*) Ah! j'entends du bruit... voilà mon fiacre! (*Elle va au fond.*) Tiens! des soldats!... le guet qui vient par ici... toutes les dames de la halle le suivent! Mon nom prononcé par elles!... Mon Dieu! s'ils avaient découvert!... Sauvons-le! (*Elle ouvre sa porte et crie:*) Chevalier, par la rue de la Ferronnerie...vite! sauvez-vous...voici le guet!... (*Elle ferme la porte.*) Et maintenant, la clef... ah! dans ce soupirail!... (*Elle jette la clef dans un soupirail de cave.*) Si c'est une fausse alerte, ça me coûtera trente sous pour faire faire une autre clef!

SCÈNE XII.

MARGUERITE, DUBOIS, *déguisé en sergent du guet*, QUATRE SOLDATS, PEUPLE, *puis* JONET, JAVOTTE, MATIGNON, SEIGNEURS *et* LE COMMANDEUR.

CHOEUR.

AIR final de *Farinelli*.

Allons, pas de résistance,
Et qu'elle tremble d'effroi;
Car son crime et une offense
A la personne du roi.

LE SERGENT, *à Marguerite*.
Au nom du roi, mon maître,
Je vous arrête, suivez-moi.

MARGUERITE.
Au nom du roi!

LE SERGENT.
Au nom du roi.

MARGUERITE.
Mais au moins dites-moi pourquoi,
Messieurs, c'est une erreur peut-être.

LE SERGENT *et* LES SOLDATS.
Non, suivez-nous, de par le roi.

ENSEMBLE.

LE SERGENT *et* LES SOLDATS.
Allons, pas de résistance,
Suivez-nous, de par la loi:
Votre crime est une offense
A la personne du roi.

MARGUERITE.
Ah! pour moi plus d'espérance:
Il m'arrête au nom du roi;
Je ne fais pas résistance,
Et j'obéis à la loi.

TOUS.
Ne faites pas résistance,
Obéissez à la loi:
Votre crime est une offense
A la personne du roi.

MARGUERITE.
Messieurs, voyez ma peine extrême.
Mes larmes, ma douleur...Rien ne peut les fléchir!

LE SERGENT.
Allons, il faut nous suivre à l'instant même.

JONET, *qui vient d'entrer*.
Ah! c'est le dernier coup!... Dieu! je me sens mollir!

Il tombe dans des légumes.

REPRISE DE L'ENSEMBLE.

On entraîne Marguerite.

ACTE DEUXIÈME.

Un petit salon très-riche à l'hôtel de Matignon, à Versailles.— Porte à deux battants au fond. A droite, une autre porte; à gauche, une croisée.

SCÈNE PREMIÈRE.

MATIGNON, Seigneurs.

MATIGNON, *entrant.* Eh bien! mes très-chers... voilà une nouvelle preuve de l'absurdité des proverbes : Heureux au jeu, malheureux en femme... Je viens de vous gagner trois parties de courte-paume, et dans quelques heures une femme charmante...

SCÈNE II.

LES MÊMES, LE COMMANDEUR.

LE COMMANDEUR, *accourant.* Voilà! ne vous impatientez pas... j'arrive au galop de mes chevaux... et je vois avec plaisir que je suis en avance... Vous m'attendiez pour notre partie de paume?...

TOUS, *riant.* Ah! ah! ah!

MATIGNON. Elle est faite, commandeur... Vous arrivez trop tard.

LE COMMANDEUR. Ah! bah!

MATIGNON. Comme ce matin, pour Marguerite...

LE COMMANDEUR. C'est-à-dire que c'est vous, marquis; vous me devez mille louis... Eh! eh!

MATIGNON. Vous croyez?

LE COMMANDEUR. C'est positif... j'en fais juge ces messieurs... Nous avons parié que le marquis enleverait la petite Marguerite aujourd'hui, en plein jour... Le guet l'a arrêtée; je l'ai vu, de mes yeux vu!... Or, si le guet l'a arrêtée, si elle est en ce moment à Saint-Lazare, le marquis ne l'a pas enlevée et ne l'enlèvera pas... C'est clair cela!...

MATIGNON, *riant.* Ah! ah! ah! commandeur, vous êtes adorable!...

LE COMMANDEUR, *stupéfait.* C'est cependant clair... Si le guet...

MATIGNON. Vous venez de le dire... et voici ma réponse. (*Il appelle.*) Dubois!

LE COMMANDEUR. Parbleu, je suis curieux de savoir comment il me prouvera qu'elle n'est pas à Saint-Lazare.

SCÈNE III.

LES MÊMES, DUBOIS.

DUBOIS, *entrant.* Monseigneur?

MATIGNON. Dubois... Écoutez bien, commandeur, ceci intéresse votre bourse... Dubois, tu vas introduire dans quelques instants cette jeune fille que vous avez enlevée tantôt.

LE COMMANDEUR. Comment! c'était...

MATIGNON. Mes gens déguisés en soldats du guet... On ne lui a pas ôté son bandeau?...

DUBOIS. Non, monseigneur.

MATIGNON. Elle se croit à la prison de Saint-Lazare?

DUBOIS. Oui, monseigneur.

LE COMMANDEUR. Ah! corbleu!...

MATIGNON. Permettez donc!... Tu la feras entrer dans ce salon, et tu te mettras à ses ordres... après quoi, tu viendras m'avertir... je me charge du reste... Vous entendez, commandeur, je me charge... C'est mille louis que vous me devez. (*Riant.*) Ah! ah! ah!

LE COMMANDEUR. C'est drôle..... c'est drôle... (*A part.*) Je suis horriblement mystifié!

DUBOIS. Monseigneur a sans doute oublié que c'est précisément aujourd'hui que mademoiselle sa sœur est de service à la cour..

MATIGNON. Ah! diable!...

DUBOIS. Et qu'elle ne manque jamais ces jours-là de venir rendre ses devoirs à monseigneur... Elle est là... Son carrosse entrait dans l'hôtel comme monseigneur m'appelait...

MATIGNON. Corbleu!... quel fâcheux contretemps!... Moi, le chef de la famille, qui dois donner l'exemple des bonnes mœurs... Si elle apercevait Marguerite...

DUBOIS, *annonçant.* Monseigneur, la voici.

LE COMMANDEUR. Marquis, nous vous laissons... Voici l'heure du grand lever, et notre service nous appelle auprès du roi...

ENSEMBLE.

AIR : *Allons, partons* (Lansac).

LE COMMANDEUR.
Venez, messieurs, sans plus attendre,

A l'instant avec moi,
Venez chez le roi.
Par devoir il faut bien s'y rendre.
Nous serions, entre nous,
Mieux auprès de vous.

TOUS.

Il faut, messieurs, sans plus attendre,
A l'instant, malgré soi,
Aller chez le roi.
Par devoir il faut nous y rendre.
Nous serions, entre nous,
Mieux auprès de vous.

Le Commandeur et les Seigneurs sortent par la porte de côté.

SCÈNE IV.

MATIGNON, Mlle DE MATIGNON.

MATIGNON, *allant au devant d'elle.* Chère sœur...

Mlle DE MATIGNON. Bonjour, monsieur... je viens vous gronder.

MATIGNON, *à part.* Le sermon obligé...

Mlle DE MATIGNON. Votre conduite est très-scandaleuse... Le roi est très-mécontent de vous ; et si les bruits qui courent sur votre compte sont vrais, il a bien raison.

MATIGNON. On voit, chère sœur, que vous quittez Mme de Maintenon...

Mlle DE MATIGNON. Tromper des femmes, battre des maris, ce peut être très-agréable ; mais ce n'est pas le moyen d'obtenir ce que vous sollicitez... Vous demandez des faveurs, prenez garde que l'on ne vous donne la Bastille...

MATIGNON. Mais enfin, chère sœur...

Mlle DE MATIGNON. C'est fini, j'ai grondé... Faisons la paix.

MATIGNON. De tout cœur... ce qui ne n'empêchera pas de vous gronder aussi... Vous n'avez pas seule le privilége des sermons, mademoiselle... et en ma qualité de frère et de tuteur, mes reproches seront beaucoup plus sérieux et surtout mieux fondés que les vôtres...

Mlle DE MATIGNON. Quel préambule solennel... Vous m'effrayez !...

MATIGNON. Cela rentre dans mes attributions... Je vous avais défendu de revoir le chevalier de Listenay, et malgré ma défense...

Mlle DE MATIGNON. Je l'ai revu, c'est vrai... Pourquoi m'ordonnez-vous des choses qu'il m'est impossible de faire ?

MATIGNON. Louise, prenez garde...

Mlle DE MATIGNON. Vous le savez... et je ne vous l'ai jamais caché... Du moment que j'ai compris que j'aimais M. de Listenay, je

suis venue à vous, et je vous ai dit : Il demande ma main, accueillez sa demande... Vous l'avez repoussée sous prétexte que le chevalier, quoique de bonne maison, était sans fortune, sans charge à la cour, trop jeune... que sais-je ?... Enfin, vous m'avez fait un grand chagrin ; mais c'était votre droit... Je m'y suis soumise...

MATIGNON. Je n'ai agi qu'en vue de votre bonheur... et mon expérience...

AIR de *Madame Favart.*

Oui vraiment ce serait faiblesse
Que d'approuver un pareil choix ;
Ma sœur, écoutez la sagesse,
Elle vous parle par ma voix.

Mlle DE MATIGNON.

De sagesse et d'expérience
Vous me paraissez, entre nous,
Par trop généreux, car je pense
Que vous n'en gardez pas pour vous.

En effet, votre expérience vous laisse faire chaque jour des folies... Souvenez-vous que le chevalier de Listenay sera un jour mon mari, je le lui ai juré, et je tiendrai mon serment, dès que je serai maîtresse de mes actions... Vous n'ignorez pas, monsieur le marquis, que dans notre famille, la foi des serments est une vertu héréditaire...

MATIGNON. Vous changerez d'idée...

Mlle DE MATIGNON. Jamais.

MATIGNON. Le chevalier lui-même...

Mlle DE MATIGNON. Je réponds de son cœur comme du mien...

MATIGNON. Mais s'il vous trompait...

Mlle DE MATIGNON. Il ne me trompe pas.

MATIGNON. J'espère que si...

Mlle DE MATIGNON. Je suis sûre que non.

MATIGNON, *avec colère.* Mademoiselle !... (*Changeant de ton.*) Au reste, je suis fou d'insister sur un point maintenant sans importance... Le chevalier lui-même s'est chargé de rendre impossible désormais toute rencontre avec vous.

Mlle DE MATIGNON. Que voulez-vous dire ?

MATIGNON. Que grâce à son duel avec Saint-Vallier, il est forcé de se cacher, peut-être même de fuir la France...

Mlle DE MATIGNON. Rassurez-vous, monsieur... Ma tante, à ma prière, a parlé de cette affaire à Mme de Maintenon, qui a dû en entretenir Sa Majesté aujourd'hui même...

MATIGNON, *à part.* Aujourd'hui !

Mlle DE MATIGNON. Oui. Allons, faisons la paix, et je vous reste...

MATIGNON. Quoi !...

Mlle DE MATIGNON. Quand je suis sortie des petits appartements, j'ai rencontré Boin, le premier valet de chambre ; il allait introduire les dames de la halle qui demandaient à parler au roi... On va les garder au palais, et ce soir nous aurons spectacle, bal et concert... Aussi, bien que mon service soit terminé, je ne retourne pas à Paris... et je vous demande l'hospitalité.

MATIGNON, *à part.* Corbleu!... et la bouquetière!... (*Haut.*) Enchanté! c'est un vrai bonheur pour moi... d'autant plus précieux qu'il est plus rare. (*A part.*) Il tombe à propos!

DUBOIS, *entrant.* Monseigneur...

MATIGNON, *à Mlle de Matignon.* Pardon... vous permettez... (*Bas à Dubois.*) Qu'y a-t-il?

DUBOIS, *de même.* Monsieur, c'est cette jeune fille... Elle menace d'arracher son bandeau, et de faire du scandale...

MATIGNON, *à part.* Il n'y a pas moyen de reculer... (*Bas à Dubois.*) Fais-la entrer... Je me débarrasse de ma sœur, et je reviens... Les plus grands égards... (*A Mlle de Matignon.*) Chère sœur, vous devez avoir besoin de repos... Je vais vous conduire à votre appartement...

Mlle DE MATIGNON. A la bonne heure... vous voilà redevenu galant.

Matignon sort avec elle.

SCÈNE V.

DUBOIS, *puis* MARGUERITE.

DUBOIS, *l'introduisant par la droite.* Par ici, entrez.

MARGUERITE; *elle a les yeux bandés.* Sommes-nous arrivés?... pas de réponse!... Je peux-t-il ôter mon bandeau... hein?... Même silence!... Qui ne dit mot consent. (*Elle va pour l'ôter.*) Ça va-t-il être noir!... j'ai peur d'avance.... Ah ben! du courage... Un... deux... trois... (*Elle ôte son bandeau.*) Ah! qu'est-ce que je vois là!... Oh! c'est-il joli, les prisons!

AIR : *Vaud. du Comédien d'Étampes.*

C'est un' singulière aventure!
Des fleurs et de riches lambris,
Des velours et de la dorure,
Et puis de superbes tapis!
Pour les femm's coupabl's qu'on arrête,
Un' tell' prison, j' n'y comprends rien...
Eh bien! alors, comment qu'on traite
Celles qui se conduisent bien?

(*Apercevant Dubois.*) Ah! v'là quelqu'un! (*A part.*) Quelle belle livrée!... quel bel homme!... je suis au moins chez un prince! (*Faisant la révérence.*) Ah ça, monsieur, allez-vous me dire ous que je suis?

DUBOIS, *très-respectueux.* Mademoiselle est chez elle.

MARGUERITE. Chez moi!... oh! que c'est bête! Non, là, sans farce, chez qui que je suis?

DUBOIS. Je parle très-sérieusement... Je ne me permettrais pas la moindre plaisanterie... Mademoiselle est chez elle... et je suis à ses ordres, prêt à la servir.

MARGUERITE. Vous! à mes ordres!... pour me servir!... (*A part.*) C'est pas Dieu possible!... J'ai une effrayante berlue!... (*Elle s'approche de Dubois et lui présente la main.*) Mordez-moi.

DUBOIS. Que je....

MARGUERITE. Mordez-moi.

DUBOIS. Mais...

MARGUERITE. Pour voir... d'abord si vous êtes à mes ordres... puisque je vous dis de me mordre... obéissez...

DUBOIS. Si mademoiselle l'ordonne... (*A part.*) Dieu! la jolie petite main!...

Il la mord.

MARGUERITE, *criant.* Aïe!... Imbécile!... Ah ça, mais je ne rêve donc pas... ces beaux salons... ces meubles luisants... tout ça... c'est donc une fée qui m'a apportée ici!... et vous dites que c'est à moi... que j' peux faire ce que j' veux...

DUBOIS. Tout ce que mademoiselle souhaitera lui sera à l'instant apporté... ses moindres caprices seront exécutés...

MARGUERITE, *à part.* J' vas bien voir! (*Haut.*) Comme ça, si je voulais déjeuner...

DUBOIS. Je vais donner des ordres.... et dans quelques minutes...

MARGUERITE. Et ça sera bon, le fricot?...

DUBOIS. Ce que l'on pourra trouver de plus délicat et de plus exquis...

MARGUERITE. Eh ben! ça me va!... j'ai faim... et dépêchons...

DUBOIS. Mademoiselle va être obéie...

Il va sortir.

MARGUERITE. Eh! dites donc, l'homme!... si vous pouviez... hein! du chou... au gratin... avec du fromage... c'est fameux ça!...

DUBOIS, *saluant.* Il suffit.

Il sort.

SCÈNE VI.

MARGUERITE, *seule.*

Il y va... il m'obéit au doigt et à l'œil... Et ces soldats qui disaient qu'ils me menaient à Saint-Lazare... et qui ont voulu me bander les yeux pour que j'aie pas trop peur en entrant... En v'là une plaisanterie qui finit agréablement!... C'est gentil, ici. (*Saluant les tableaux.*) Monsieur, madame...

SCÈNE VII.

MARGUERITE, JONET.

JONET, *entr'ouvrant la porte de droite.*
Ah ! cristi ! la v'là !

MARGUERITE. Jonet!... Jonet ici ! et comment qu' tu t'y trouves ?

JONET. Et vous ?

MARGUERITE. Et qu'est-ce que t'y viens faire ?

JONET. Et vous ?

MARGUERITE. Et comment qu' t'es venu ?

JONET. Et vous ?

MARGUERITE. Ah ça, v'as-tu m' répondre autrement qu' ça ? Tu es un cornichon.

JONET. Et vous ?... Ah ! non, pardon..... c'est moi qui en suis un d' cornichon.

MARGUERITE. C'est connu... mais ça ne m' dit pas...

JONET. Est-ce que j' sais, moi !... On dirait qu' vous avez sur vous une ficelle qui m' tient et qui m' tire... qui tire !... quand l' guet vous a emmenée, d'abord je m' suis trouvé mal.

MARGUERITE. Pauvre garçon !

JONET. Ça n'a pas duré... j'ai bousculé les voisines, cousine Javotte, tout l' monde, j'ai pris mes jambes sur mes épaules, en avant... trois lieues de galop... Les portes étaient fermées, mais un soupirail était ouvert, je m'y suis insinué, j'ai tombé sur des bouteilles, j'en ai cassé six, j'en ai bu une, puis j'ai monté des escaliers, j'ai traversé des colidors, et heureusement sans avoir rencontré personne, me v'là... maintenant j' m'en vas !

MARGUERITE. Comment! tu t'en vas !... et pourquoi ça ?

JONET. Pourquoi ça !... vous demandez pourquoi ça ! quand j' vous trouve dans un lieu affreux !... ça sent très-bon... c'est parfumé avec de l'odeur... Ousque nous sommes ici ?

MARGUERITE. J'en sais rien... on m'a amenée les yeux bandés... mais quand j'ai vu clair, j'ai aperçu un grand escogriffe qui m'a dit en me faisant un tas d' révérences : Mamselle par ci, mamselle par là... mamselle est chez elle, j' vas la servir...

JONET. C'est ça qu'est drôle !...

MARGUERITE. Jonet, je vous invite à déjeuner... nous mangerons du chou... au gratin...

JONET. Du chou !... au gratin... oh ! quel régal !... (*Changeant de ton.*) Mais c'est chez un homme que nous sommes pour sûr;

vous disposez de ses choux, de ses cosmétiques !... C'est pour manger du chou que vous avez renié votre honneur... j' m'en vas.

MARGUERITE. Veux-tu rester là, nigaud... puisque j' te dis que j'ai vu personne...

JONET. Dites donc... avec du fromage... le chou ?

MARGUERITE. Pardine... (*Apercevant deux valets qui apportent une table garnie.*) Tiens, v'là la table !

DUBOIS, *entrant.* Mademoiselle est servie. (*A part.*) Quel est cet homme ? monseigneur ne m'en a pas parlé.

MARGUERITE. Eh ben !... il n'y a qu'une assiette... nous allons donc manger dans la même...

DUBOIS. Si mademoiselle l'ordonne, je donnerai un couvert à ce garçon...

JONET. Ce garçon... Puisqu'il vous appelle mademoiselle, pourquoi qu'il ne m'appellerait pas monsieur...

MARGUERITE, *à Dubois.* Je veux que vous l'appeliez monsieur...

DUBOIS, *mettant un second couvert.* Monsieur et mademoiselle sont servis.

MARGUERITE. Viens-y.

Elle se met à table.

JONET. Allons-y.

Il se met à table.

DUBOIS. Monsieur le marquis m'a ordonné de demander à mademoiselle si elle veut le recevoir après son déjeuner.

MARGUERITE *et* JONET. Monsieur le marquis !... qué que c'est que ça ?

DUBOIS. Monsieur le marquis de Matignon, mon maître.

JONET. Le marquis !... ce scélérat qui ce matin voulait vous embrasser de force... et m' faire donner des coups de bâton !... J' m'en vas !...

MARGUERITE, *le retenant.* Non, reste.... quand nous aurons déjeuné... tu me ramèneras à la halle...

JONET. C'est ça, mangeons-lui ses ragoûts... c'est une bonne vengeance.

MARGUERITE, *à Dubois.* Dites à votre maître qu'il vienne quand il voudra... nous l'attendons les pieds sous la table. Allez !

JONET. On vous a dit, Allez !

Dubois sort.

SCÈNE VIII.

MARGUERITE, JONET, DEUX VALETS.

JONET. Il s'agit de ne pas s'endormir ici. Buvons d'abord. (*Un valet lui verse à boire.*) Monsieur, je vous remercie.

MARGUERITE, *bas à Jonet*. Est-ce qu'on remercie ?

JONET, *bas*. Ah !... faut donc être malhonnête avec les domestiques ? (*Au Domestique.*) Je ne vous remercie pas.

MARGUERITE. Où sont les choux que j'ai commandés ?

Un valet désigne le plat.

JONET. Ça, des choux au gratin... allons donc... (*Il en goûte.*) Ah ! que c'est fadasse ! mais ça n'emporte pas du tout la bouche...

MARGUERITE. C'est vrai que ça ne sent rien.

JONET. Ils ne savent pas du tout accommoder... Garçon, à boire !

MARGUERITE. C'est bien gentil de déjeuner comme ça tête à tête.

JONET. Si c'est gentil !... c'est-à-dire que je n'ai jamais été dans le paradis... mais je lui défie de vous causer autant de plaisir !.... Garçon... à boire... allons donc.

MARGUERITE. Faut être juste, la richesse est une bonne chose.

JONET. Oh ! oui, et je vois que c'est plus agréable de manger du pain blanc que de le faire... Garçon... à boire. (*Il boit.*) Garçon, la bouteille... mettez la bouteille là.

MARGUERITE. Et laissez-nous.

JONET. Oui, laissez-nous... Garçon... laissez-nous.

Les valets sortent.

MARGUERITE. On peut causer..... au moins...

JONET. On peut se dire ce qu'on ressent... Ah ! Marguerite, je suis bien heureux !

AIR : *Mariette, je t'aime* (Trois Amoureux de Mariette).

Moment plein de charmes,
Chassons les alarmes !
Sans cesse je veux
Rester en ces lieux !
Une douce ivresse
Déjà me caresse ;
Ce vin généreux
Comble tous mes vœux !
Ah ! ah ! ah !
Près de toi vivre comme ça,
Ah ! quel plaisir vaut celui-là !

MARGUERITE.

Quel bonheur d'être ensemble !
Ah ! mon Dieu ! mais je tremble
Qu'on vienne nous troubler !

JONET.

Le premier qui s'avance,
Sur lui moi je m'élance,
Et je vais l'étrangler.

MARGUERITE.

Ah ! tais-toi, tais-toi, je t'en prie,
Si l'on allait nous désunir !

JONET.

Daus ces lieux, près de toi mourir,
C'est un destin digne d'envie !

Mais il n'y a pas de danger... buvons...

ENSEMBLE.

Moment plein de charmes, etc.

JONET, *gris*. Ah ! je n'ai peur de personne, moi...

MATIGNON, *en dehors*. Je n'y suis pour qui que ce soit !...

JONET, *effrayé*. Hein ? cette voix...

MARGUERITE. C'est le marquis.

JONET. Une armoire... une boîte... un étui... que je m'y tapisse... Ah !

Il se jette sous la table.

MARGUERITE, *le tirant par sa veste*. Jonet !...

JONET, *gris*. Merci... je suis parfaitement... Bonsoir... la compagnie.

Il s'endort.

SCÈNE IX.

MARGUERITE, MATIGNON, JONET, *sous la table.*

MATIGNON, *à part*. Elle est seule. Que me disait donc Dubois ?

MARGUERITE, *mangeant*. Bonjour, monsieur l' marquis... Bien des remercîments, monsieur l' marquis, d' m'avoir comme ça invitée à déjeuner...

MATIGNON. Tu ne m'en veux donc pas de la ruse que j'ai employée pour t'attirer chez moi, près de moi...

MARGUERITE. C'était donc une ruse !

MATIGNON. Sans doute... cette arrestation ces soldats du guet, cette prison... tout cela était faux...

MARGUERITE. Pourquoi donc cette tromperie ?

MATIGNON. Tu n'étais pas seule ici ?

MARGUERITE. J'étais avec Jonet... mon amoureux... il est parti... mais vous ne me dites pas, monsieur le marquis...

MATIGNON. Il y a si longtemps que je brûle du désir de t'avoir en tête-à-tête pour te dire, te prouver combien je t'aime...

MARGUERITE. Ah ! bah ! c'est par là qu'il vient, le vent... (*Riant.*) Ah ! ah ! vous avez joliment perdu votre temps, alors... je n' vous aime pas.

MATIGNON. Ça viendra.

MARGUERITE. Impossible, j'en aime un autre...

MATIGNON. Quelle mauvaise raison !

MARGUERITE. Pour vous... mais pour moi elle est sacrée.

MATIGNON. Est-ce que tout ce qui t'entoure ne te paraît pas éblouissant ?

MARGUERITE. Si... si, c'est joliment joli, chez vous... ça doit vous en avoir coûté des pièces de six liards toutes ces belles fanferluches... C'est égal, ça doit être gênant pour déménager.

MATIGNON. Comment! tu serais insensible...

MARGUERITE. Je n' suis pas insensible pis que j' vous dis qu' j'en aime un autre.

MATIGNON. Et cet autre te donne d'aussi belles choses que celles que tu vois ?

MARGUERITE. Oh ! non... mon mobilier ne ressemble guère au vôtre.

AIR : *Mon Père était pot.*

J' n'ai qu'un' couchette
En vieux bois gris,
Un pot sans sa cuvette,
Un jupon qui m' sert de tapis,
Un verre, un' seule assiette,
Pour fontaine un seau,
Pour glace un carreau,
Pour table un' chais' fort vieille,
Et pour chandelier
Un cornet d' papier
Dans un goulot d' bouteille.

MATIGNON. Eh bien ! Marguerite, tu peux échanger toute cette misère contre un sort fortuné... des laquais, des parures, des meubles élégants...

MARGUERITE. On vous voit venir !... mais il y a pas moyen... Je ne mange pas de c' pain-là... Sur mon oreiller qui est dur... j' fais des sommes de six heures d'emblée!... parce que j'ai rien là qui m' tracasse... Si j'acceptais tous vos attifets au prix que vous voulez y mettre, je dormirais pas une minute. Aussi maintenant que j'ai tout admiré chez vous, que j'ai bien déjeuné, j' m'en vas filer à mon établissement... sans envier ni regretter tous ces beaux meubles qui coûtent si cher aux jeunes filles.

MATIGNON. Et si je te disais que je m'oppose à ton départ, que je veux te garder, que...

MARGUERITE. Ah! pas de bêtise!...

MATIGNON. Si je te disais que je t'aime à ne reculer devant aucun moyen, que tu resteras ici jusqu'à ce que tu veuilles répondre à mon amour...

MARGUERITE, *avec force.* Si vous m' disiez ça, monsieur l' marquis, j' vous répondrais : Allons, ho! ouvrez-moi la porte et j' m'en vas !... (*Elle fait un pas, le Marquis l'ar-*

rête.) Et si vous m' bouchiez l' passage... comme vous le faites... (*Elle lève la main.*) Je taperais! méfiez-vous!

MATIGNON. Je t'en prie, Marguerite, ne me force pas à employer la violence.

MARGUERITE. J'ai pas peur... (*A part.*) Jonet est là!... (*Pendant que Matignon va au fond pour voir si la porte est bien fermée, Marguerite soulève le tapis de la table et voit Jonet endormi. Elle appelle bas.*) Jonet... Ah ! il dort... je suis perdue. (*Haut.*) Monseigneur... je vous en prie...

MATIGNON. C'est inutile !

AIR : *Je t'aime* (Mauvais Père).

Je t'aime, je t'aime,
Et sens, près de toi,
Qu'une flamme extrême
S'empare de moi.
Je t'aime, je t'aime,
Réponds à ma foi,
Ou malgré toi-même
J'obtiens tout de toi.

MARGUERITE.
En vain ma faiblesse
L'aura supplié !
Et pour ma jeunesse
Il est sans pitié !

MATIGNON.
Eh quoi! par tes larmes
Tu crois m'attendrir...
Par elles tes charmes
Me semblent grandir.

ENSEMBLE.

MATIGNON.
Je t'aime, je t'aime, etc.

MARGUERITE.
Il m'aime, il m'aime,
Et là, près de moi,
Cette flamme extrême
Me rempli d'effroi.
Il m'aime, il m'aime,
Je m'adresse à toi
Au moment suprême,
Mon Dieu, sauve-moi !

Matignon poursuit Marguerite, qui se sauve.

MATIGNON. Personne ne peut nous voir, nous entendre... tes cris mêmes ne trouveraient ici aucun écho... tu es à ma discrétion...

MARGUERITE. Laissez-moi ! laissez-moi !

MATIGNON. Je n'écoute rien !

MARGUERITE, *se débattant.* A moi!... au secours!... Jonet!...

MATIGNON. Personne ne te sauvera !

SCÈNE X.

LES MÊMES, LE CHEVALIER.

LE CHEVALIER, *entrant par le fond.* Et moi, monsieur le marquis ?

MARGUERITE. Ah ! (*Elle se jette dans les bras du Chevalier.*) Merci... mon Dieu !

MATIGNON, *atterré.* Le chevalier de Listenay.

JONET, *s'éveillant et à genoux sous la table.* Quel bruit !... on ne peut pas dormir tranquille... Que vois-je ! Marguerite dans les bras d'un homme !

LE CHEVALIER. Oui, marquis, le chevalier de Listenay qui connaît vos projets sur cette jeune fille et qui vous jure qu'ils ne s'accompliront pas.

JONET. Je n'y comprends rien !

LE CHEVALIER. C'est elle qui m'a donné asile... pour moi elle s'est compromise, elle s'est brouillée avec sa famille et son fiancé... Le vicomte de Ravannes m'a tout dit et je suis accouru...

MARGUERITE. Mais vous vous perdez !...

JONET, *à part.* C'est lui qu'elle nourrissait avec mes miches !

MATIGNON. J'admire votre audace, chevalier... vous osez venir me braver chez moi... vous n'ignorez cependant pas les liens de famille qui m'unissaient à Saint-Vallier... vous n'ignorez pas que l'on poursuit votre procès, que je n'ai qu'un mot à dire pour vous envoyer à la Bastille...

MARGUERITE. Ah ! monsieur l' marquis, ça serait infâme !...

LE CHEVALIER. Je le sais, monsieur, mais j'avais juré que Marguerite sortirait d'ici aussi pure qu'elle y est entrée, et au risque de ma vie, je n'aurais pas voulu manquer à ce serment...

AIR : *Mais, malheureux.*

En arrachant Marguerite à la honte,
Mon âme se réjouissait
De donner ce léger à-compte
Pour le bien qu'elle m'avait fait,
Oui, pour le bien qu'elle m'a fait.

MARGUERITE.

Ah ! dites-moi, je vous en prie,
Qui d' nous deux est le débiteur ?
Je n' vous ai sauvé que la vie,
Et vous m'avez sauvé l'honneur !

JONET, *à part.* Tout ça s'embrouille de plus en plus dans ma tête.

LE CHEVALIER. Du reste, monsieur le marquis, vous ne connaissez pas le motif de mon duel avec M. de Saint-Vallier... Je vais vous l'apprendre.

MATIGNON. Que m'importe ?

LE CHEVALIER. Cela vous importe beaucoup. La semaine dernière nous nous trouvions au jeu de paume... M. de Saint-Vallier et moi. « Vous ne savez pas la nouvelle, chevalier ? me dit-il, une nouvelle étourdissante !... La seule de ces demoiselles d'honneur qui n'avait pas d'amant vient d'en prendre un pour se mettre à la hauteur de ses compagnes... mademoiselle de Matignon...

MATIGNON. Ma sœur ?

LE CHEVALIER, *continuant.* » Mademoiselle de Matignon dédaigne l'épée pour le rabat... elle a fait choix du gros abbé de Nantouillet. »

MATIGNON. Saint-Vallier a dit cela !...

LE CHEVALIER. Il est mort, monsieur, mort en m'avouant que ce qu'il avait dit était un mensonge, que mademoiselle de Matignon était pure comme un ange du ciel !...

MATIGNON. Et c'est vous ?...

LE CHEVALIER. Vous n'étiez pas là... Je me suis dit l'ami du frère pour pouvoir venger la sœur.

MARGUERITE. Oh ! c'est beau ça !

JONET, *à part.* Quel brave !... J'aime les braves... mais je n'en fais pas partie.

LE CHEVALIER. Maintenant, marquis, vous n'avez qu'un mot à dire pour m'envoyer à la Bastille...

MATIGNON. Monsieur le chevalier, vous êtes libre. Mais cette jeune fille est chez moi... et...

LE CHEVALIER. Je ne pars pas sans elle... à moins que, de sa propre volonté, elle ne préfère rester.

MARGUERITE. Moi ? filons ! filons !... et plus vite que ça !...

LE CHEVALIER. Bien, Marguerite... Je vais vous conduire chez vous à la halle.

JONET, *à part.* Elle ne s'occupe seulement pas de moi !

MARGUERITE, *à part.* Tant pis pour Jonet. (*Haut.*) Vot' servante, monsieur le marquis.

ENSEMBLE.

AIR : *Allons, dépêchons-nous* (Mauvais Père).

MARGUERITE.

Allons, retirons-nous !
Échappée à ce piége,
Que votr' bras me protége,
Je compte encor sur vous.

LE CHEVALIER.

Venez, retirons-nous !
Échappée à ce piége,

Que mon bras vous protége
Encor jusque chez vous !

LE MARQUIS, *à part.*

Pour moi quel sort jaloux !
Échappée à ce piége,
Quand son bras la protége,
Ils bravent mon courroux.

JONET.

Pour moi quel sort jaloux !
Je reste pris au piége,
Et lui, qui la protége,
Me laisse là-dessous.

Le Chevalier et Marguerite sortent.

SCÈNE XI.

MATIGNON, JONET, *sous la table*, *puis* Mlle DE MATIGNON.

JONET, *à part.* Qu'est-ce que j' vas devenir ?

MATIGNON. Corbleu ! je suis joué !... elle m'échappe au moment du triomphe !... Cette aventure si bien commencée, si elle se sait... et elle se saura !... je suis perdu de réputation !... Que faire ? Ah ! parbleu ! fallût-il échanger un coup d'épée avec le chevalier... un coup d'épée est mille fois moins dangereux que le ridicule !... Holà ! quelqu'un. (*Dubois paraît.*) Vite, Dubois, par l'escalier de service, va dire au suisse de fermer la grille de l'hôtel. Que personne ne sorte... cours !

Dubois sort.

JONET. Je voudrais bien m'en aller.

Mlle DE MATIGNON, *entrant.* Ce bruit... que se passe-t-il ?

MATIGNON, *à la fenêtre.* Il arrivera à temps... Oui, le chevalier et Marguerite ne sont pas encore au bas de l'escalier. (*Se retournant.*) Ma sœur !

Mlle DE MATIGNON. Qu'avez-vous donc, mon frère ?... cette agitation...

MATIGNON. Louise, je vous disais ce matin, si le chevalier de Listenay, oubliant votre amour manquait à ses serments...

Mlle DE MATIGNON. Que voulez-vous dire ?

MATIGNON. Persisteriez-vous encore...

Mlle DE MATIGNON. Je vous ai répondu... Il est inutile de prévoir une chose impossible... je suis sûre du cœur du chevalier comme du mien ; il ne me trompera jamais.

MATIGNON. De sorte que si je vous disais à présent, Louise, le chevalier vous trahit, il aime une autre femme, une fille du peuple.

Mlle DE MATIGNON. Je ne vous croirais pas.

MATIGNON. Et si je vous prenais par la main. (*Il la prend par la main et la conduit lentement à la fenêtre.*) Si je vous menais à cette fenêtre, et si je vous montrais du doigt le chevalier donnant le bras à cette autre femme, à cette fille du peuple.

Mlle DE MATIGNON. Ciel ! lui ! c'est lui ! Ah ! c'est affreux !

MATIGNON. Eh bien, chère sœur, que dites-vous de la fidélité des hommes ? Ah ! ah ! ah ! (*Imitant Mlle de Matignon.*) Je réponds du chevalier comme de moi.

Mlle DE MATIGNON. Oh ! monsieur, épargnez-moi vos railleries cruelles.

MATIGNON. Louise, vous me remercîrez un jour.

Mlle DE MATIGNON. Laissez-moi, monsieur, laissez-moi !... Et que Dieu vous pardonne le mal que vous m'avez fait !

Elle sort.

MATIGNON. Le coup a porté ! et maintenant Marguerite ne peut plus m'échapper.

JONET, *à part.* Je barbotte dans un affreux labyrinthe.

SCÈNE XII.

MATIGNON, JONET, *sous la table*, LE CHEVALIER *et* MARGUERITE.

LE CHEVALIER. Monsieur le marquis, la grille de votre hôtel est fermée et vos gens refusent de l'ouvrir. Vous êtes-vous donc repenti de votre générosité et suis-je maintenant votre prisonnier ?

MARGUERITE. C'est se moquer un peu du monde ça, au fait !

MATIGNON. Oui, chevalier, vous êtes mon prisonnier ; en vous laissant sortir en plein jour dans une ville où vous êtes si connu, vous seriez arrêté avant une heure... Ce que vous m'avez dit des causes de votre duel m'impose l'obligation de vous protéger et de ne plus voir en vous un ennemi.

LE CHEVALIER. Merci, marquis. Je vous reconnais plein de délicatesse et d'honneur.

MATIGNON. Seulement, chevalier, je mets une condition à mon hospitalité...

LE CHEVALIER. Je jure d'avance de m'y soumettre.

MATIGNON. Vous vous engagez sur l'honneur, sur l'honneur ! tant que vous serez ici, à ne pas adresser la parole à Mlle de Matignon, ma sœur.

LE CHEVALIER. Monsieur le marquis, quelque dure que soit cette condition, vous avez ma parole, je n'y manquerai pas... Mais cette jeune fille ?

MARGUERITE. Moi, j' peux bien m'en retourner seule.

JONET, *à part.* Si j'osais lui offrir mon bras !

JAVOTTE, *en dehors.* Eh ! j' vous dis que j' veux entrer, moi !

MATIGNON. Qu'est cela ?

SCÈNE XIII.

LES MÊMES, JAVOTTE.

JAVOTTE, *faisant rouler sur le théâtre Dubois qui veut lui barrer le passage.* Qui est-ce qui m'a fichu un esturgeon de cet acabit-là ?

MARGUERITE. Javotte !

JONET, *à part.* Ma cousine !

MATIGNON. Que signifie ?

JAVOTTE. Ça signifie, scélérat d'enjôleur, que j' te couve un œuf qui sera dur à digérer !... J' viens d' la part du roi... C'est moi qu'est son ambassadeur au roi... Ah ! vous croyez comme ça qu'il n'y a qu'à se baisser pour en prendre. à la halle, des jeunesses ! Vous croyez comme ça parce que vous êtes frisé, musqué, qu'une fille honnête est faite pour vous servir de joujou !... Merci ! repassez demain ! Marguerite, j' te rends mon estime... T'as caché un homme par humanité... C'est beau !

JONET. Je crois bien !

JAVOTTE. Quand j'ai su la chose, j'ai monté sur ma hotte et j'ai dit aux camarades : Eh ! vous autres ! allez vous r'quinquer ! mettez vos nippes, et en route pour Versailles ! Faut aller parler au roi. Et c'est moi qui ai porté la parole encore comme la plus forte sur sa langue, et j'y ai dit un discours un peu bien troussé, j' m'en flatte !

AIR : *Si j'avais à parler au roi* (Brasseur).

Dès que j' fus en face du roi,
N' vous dérangez pas, sir', c'est moi,
Oui, moi, la commère Jann'ton,
Et j' venons vous voir sans façon
Pour vous compter un' p'tite histoire.
Et alors j'y dis ça, ça, ça,
Et qu' d'abord il n' voulait pas m' croire ;
Mais quand j'y eus dit ceci, cela :
   — Comment ! c'est ainsi ?
   T'as fort bien agi !

Ton gueux d' marquis, tu vas bientôt le voir,
   Va-t-être puni.
   — Sire, grand merci,
Que j' lui réponds, vous v'nez d' fair' votr' devoir !
   Et voilà, je crois,
   Comme on parle au roi.

Tiens, ousqu'est donc l'autre ? un individu qu'il m'avait donné pour m'aider.

UN EXEMPT, *entrant.* Monsieur le marquis de Matignon.

LE CHEVALIER. Qu'est-ce donc ?

JAVOTTE. Chaud ! chaud !

L'EXEMPT, *lui donnant un papier.* De la part du roi !

MATIGNON, *lisant.* « M. le marquis de Matignon ayant fait prendre à ses gens, pour commettre une action déloyale, les insignes et le costume des soldats de sa Majesté, sera conduit aujourd'hui même à la Bastille. » (*Parlé.*) A la Bastille !

JAVOTTE. Pincé !

TOUS. A la Bastille !

MATIGNON, *lisant.* « Nous laissons cependent. » (*Parlé.*) Ah ! il y a un cependant ! (*Continuant.*) « Nous laissons cependant à M. de Matignon un moyen d'éviter la peine qu'il a méritée, c'est... c'est de... ciel ! épouser Marguerite ou la Bastille ! » Et pour faire ce choix difficile sa Majesté m'accorde vingt-quatre heures...

JONET, *se montrant.* Ah ! vous avez fait un beau coup, allez !

JAVOTTE. Jonet ici !

MARGUERITE. Vous n'y pensez pas ! moi ! marquise !

JAVOTTE. Ça t'ira comme un gant !

SCÈNE XIV.

LES MÊMES, LE COMMANDEUR.

LE COMMANDEUR, *accourant.* Ah ! Matignon, mon ami, je viens vous annoncer... vous apprendre... les dames de la halle sont au palais, et le roi, sur la demande de l'une d'elles... Ah ! quel malheur !

JAVOTTE. Eh ben ! après ?... Nous savons ça...

LE COMMANDEUR. Vous savez ?

JAVOTTE. Vous vous êtes levé trop tard, mon vieux !

Elle lui frappe sur le ventre.

ACTE TROISIÈME.

Un jardin. — Le château au fond.

SCÈNE PREMIÈRE.

MARGUERITE, *sortant du château.*

C'est bien... laissez-moi !... Ce n'est pas difficile de faire la grande dame... on a bientôt pris des grands airs de mépris et d'insolence... (*Elle se donne de grands airs.*) Allons donc ! rangez-vous devant moi !... Place, faquins !... (*Changeant de ton.*) Ah ! ah ! ah ! c'est-il drôle !...

AIR de *Julie.*

Car c'est vraiment inséparable
D'un titre et d'un noble blason :
Il faut être insolent en diable
Quand on est de bonne maison.
Moi, je suis sans inquiétude :
Riche, noble dès à présent,
L'impudence, l'air insolent
Vont me venir sans nulle étude.

SCÈNE II.

MARGUERITE, Mlle DE MATIGNON.

Mlle DE MATIGNON, *avec ironie.* Mademoiselle, je suis désolée de vous déranger, mais j'ai besoin de vous parler.

MARGUERITE, *même ton.* Donnez-vous donc la peine de vous asseoir, mademoiselle de Matignon, ma future belle-sœur.

Mlle DE MATIGNON. C'est à ce sujet que j'ai à vous entretenir.

MARGUERITE. Je vous écoute.

Mlle DE MATIGNON. Que mon frère, dans la crainte de la Bastille, et surtout pour ne pas déplaire au roi, consente à vous épouser... je le conçois...

MARGUERITE. Je crois bien !

Mlle DE MATIGNON. Mais vous, mademoiselle, vous que j'ai vue donnant le bras au chevalier de Listenay et fuyant avec lui cette maison...

MARGUERITE. Ah ! vous m'avez vue ?

Mlle DE MATIGNON. Oui, mademoiselle... et tout me porte à croire que vous l'aimez !

AIR de *Céline.*

MARGUERITE.

Le chevalier, oui, moi je l'aime,
Franchement, et de tout mon cœur !

Mlle DE MATIGNON.
Mais votre impudence est extrême!
Un pareil aveu !... quelle horreur!

MARGUERITE.
Non, les sentiments qu'il m'inspire,
Madam', je ne les cache pas,
Et tout haut ma bouche ose dire
Ce qu' vot' cœur pense tout bas!

Mlle DE MATIGNON. Et malgré cela, vous épousez mon frère?

MARGUERITE. Mais oui... Je veux faire son bonheur, à cet homme !

Mlle DE MATIGNON. Son bonheur !

MARGUERITE. Sans doute... Que me manque-t-il pour ça ?

Mlle DE MATIGNON, *à part.* Cette fille est d'une effronterie !...

MARGUERITE. D'abord, il y a des gens qui ne me trouvent pas trop mal...

Mlle DE MATIGNON. C'est à n'y pas tenir !

MARGUERITE. Ensuite, je suis une fille bonne et sensible...

Mlle DE MATIGNON. C'est trop fort !

MARGUERITE. Oui, je suis une bonne fille... et la preuve, c'est que malgré votre colère contre moi et le chevalier, malgré votre mauvaise humeur de vous voir exposée à appeler « ma sœur » une fille de la halle... malgré le refus du marquis de Matignon de prendre M. de Listenay pour beau-frère... grâce à moi, aujourd'hui même, vous pardonnerez au chevalier, vous deviendrez sa femme, et vous me remercîrez...

Mlle DE MATIGNON. Vous dites tout cela avec une assurance...

MARGUERITE. Bien naturelle.

Mlle DE MATIGNON. Il faudrait d'abord me prouver que le chevalier n'est pas un perfide...

MARGUERITE. On vous le prouvera.

Mlle DE MATIGNON. Il faudrait faire changer les idées de mon frère... qui est bien l'homme le plus entêté !...

MARGUERITE. On le fera changer.

Mlle DE MATIGNON. Il faudrait encore me persuader que vous n'êtes ni ambitieuse, ni trop confiante dans votre adresse et votre bonheur !

MARGUERITE. On vous persuadera tout ça !

Mlle DE MATIGNON. Vraiment, je ne sais ce que je dois penser...

MARGUERITE. Pensez que votre sort est entre mes mains.

Mlle DE MATIGNON. Et moi qui étais venue pour vous traiter avec dureté...

MARGUERITE. Vous allez vous retirer et attendre les événements.

Mlle DE MATIGNON. Allons, je cède devant tant d'assurance... mais vraiment je me sens envie de pleurer, et pourtant j'ai foi dans l'audace de cette petite...

MARGUERITE. Et vous avez raison... car l'audace de cette petite séchera ces beaux yeux, qui ne devraient jamais verser que des larmes de joie et de bonheur!

Mlle DE MATIGNON. Adieu donc... et fasse le ciel que vous réussissiez!...

ENSEMBLE.

AIR : *Adieu donc, je vous quitte* (Mauvais Père).

> Adieu, adieu donc, ma petite,
> Oui, mais avant de nous quitter,
> Hélas! sur cette réussite,
> Vraiment, je n'ose pas compter!

MARGUERITE.

> Non, croyez-le, de la petite
> Il ne vous faut jamais douter;
> Sur cette heureuse réussite
> Ici vous pouvez bien compter.

Mlle de Matignon sort.

SCÈNE III.

MARGUERITE, *puis* JAVOTTE.

MARGUERITE. Elle n'est pas tout à fait rassurée. Voyez-vous ce méchant marquis qui lui a fait croire que le chevalier était amoureux de moi... quelle perfidie!... Bon! v'là que je dis du mal de mon prétendu à c't' heure!...

JAVOTTE, *entrant.* Oh! ça reluit-il! ça reluit-il!... Dieu du ciel! quels beaux meubles!

MARGUERITE. Javotte ici!...Je vous croyais partie...

JAVOTTE. Partie!... ah! ben, oui... plus souvent!... un mariage que j'ai fait... car c'est moi qui l'ai fait, ton mariage... J'ai filé, c'est vrai, mais c'était pour aller prévenir les camarades qui buvaient un coup sur le comptoir avant de remonter en coucou... Ah! fallait entendre les cris, quand je leur-z-y ai eu dit la chose...— Marguerite la bouquetière, marquise!... — Pas possible?... — C'est comme ça!... — Ah! nom d'un chien!..... Enfin, bref, je les y ai invitées... elles vont venir... nous danserons, nous gigoterons, et allez donc!... Ah! quelle nopce!... Mais comme t'es gentille!... Tourne-toi... encore... marche un peu...

MARGUERITE. Vous trouvez donc que ces habits me vont bien?...

JAVOTTE. C'est-à-dire que t'es jolie comme un vrai petit bijou... qu'on dirait qu' t'as jamais porté qu' des robes à queue!...

MARGUERITE. Vraiment?...

JAVOTTE. Et ton homme, était-il bête, hein?... J'ai vu l'quart d'heure oùs qu'il allait préférer la Bastille à la chose de t'épouser...

MARGUERITE. Oui, le premier moment... mais je savais bien qu'il se déciderait...

JAVOTTE. On y en fichera, des petits couteaux!...quel dégoûté!...Une jeunesse qu'est fraîche comme une pivoine... il m'a l'air un peu fiérot, ton homme!... N'va pas t'laisser entortiller... ça a beau être un seigneur, tu seras la maîtresse!...

MARGUERITE. Je le crois bien!

JAVOTTE. Dis donc, s'il te taquine trop, faut lui griffer la figure, ça le vexera davantage...

MARGUERITE. Oh! je connais mon affaire!

UN DOMESTIQUE, *entrant.* Monseigneur fait demander si madame la marquise est visible...

JAVOTTE. En v'là une drôle de question! il demande si t'es visible... Il te prend donc pour une comète?

MARGUERITE, *bas.* Ça se dit comme ça chez les gens comme il faut... (*Haut.*) Annoncez à M. le marquis que je serai charmée de l'entretenir.

Dubois sort.

JAVOTTE. Oui... dites à ce maître que nous... Oh! quel air!... plusqu'ça d'mousse! t'entretiens des marquis?... ah! ah! ah!... Mais dis donc, il est joliment pincé, ton homme... Allons, je te laisse avec lui et j'vas chercher les amies...

MARGUERITE. Ah! un mot... et Jonet?

JAVOTTE. Je crains bien qu'il ne perde la tête!... il se promène dans le jardin... et il parle tout seul... avec les bras et les yeux... comme ça!...

MARGUERITE, *à part.* Pauvre garçon!

JAVOTTE. Dame! c'est sa faute!...

AIR : *Quel art plus noble.*

> Aussi, pourquoi donc qu'il s'enflamme
> Pour un objet d' ton numéro?
> Lui le mari d'une grand' dame!
> Il est trop pauvre et trop nigaud!
> D'un' chos' si commune à la ronde,
> Il n' devait pas être étonné...
> Vois-tu ben, n' faut pas dans le monde
> Éternuer plus haut que le nez.

A Matignon, qui entre.

Vot' servante, m'sieur l' marquis... d' tout mon cœur!...

Elle sort.

SCÈNE IV.

MARGUERITE, MATIGNON.

MARGUERITE, *à part.* Qu'est-ce qu'il veut me dire?

MATIGNON, *à part.* Allons, c'est mon dernier espoir... (*Haut.*) Approchez.

MARGUERITE, *s'asseyant.* C'est à moi que vous parlez, monsieur le marquis?

MATIGNON. Et à qui donc?

MARGUERITE. Dame, à la marquise de Matignon!...

MATIGNON. Marquise de Matignon!... Vous ne l'êtes pas encore!...

MARGUERITE. Je le serai dans si peu de temps qu' c'est pas la peine de me démentir.

MATIGNON. Vous avez l'audace de croire ce mariage possible?

MARGUERITE. Mais zoui... Du moment que le roi le veut, je ne peux pas empêcher sa majesté de veiller sur ma vertu!

MATIGNON. Marguerite, vous abusez cruellement d'un moment de faiblesse...

MARGUERITE. Vous avez bien fait de changer d'avis tout à l'heure et de consentir à m'épouser... car on dit que la Bastille est une vilaine habitation...

MATIGNON. Marguerite, je m'adresse à votre cœur et à votre conscience... Vous ne m'aimez pas?...

MARGUERITE. Qui sait!

MATIGNON. Vous en aimez un autre.

MARGUERITE. Peut-être!...

MATIGNON. Et vous renonceriez à lui?

MARGUERITE. Pourquoi donc!... Vos grandes dames renoncent-elles à leurs amants parce qu'elles ont des maris?...

MATIGNON. Écoutez, Marguerite, je ne puis résister aux ordres du roi... Il faut que je vous épouse aujourd'hui, ou que...

MARGUERITE. Vous alliez à la Bastille... c'est connu.

MATIGNON. Mais vous pouvez me refuser, vous!

MARGUERITE. Je le sais bien... mais je ne vous refuse pas... au contraire!

MATIGNON, *à part.* Morbleu!... (*Haut.*) Mais, mon enfant, réfléchissez... quelle figure feriez-vous à la cour? vous, habituée au laissez-aller, à la franche gaieté du peuple...

MARGUERITE, *s'oubliant.* Bah! on s'y fera!... (*Changeant de ton.*) Nous nous y habituerons, marquis... j'ai déjà essayé... ça ne m'a pas semblé si difficile!

AIR du *Domino.*

Avoir des airs
Ou doux ou fiers,
Pour tourner à l'envers
Jeunes gens ou barbons,
Maris, garçons.
Sourire ainsi,
Ou froncer le sourcil
Comme ceci,
Avoir en même temps
Plusieurs amants,
C'est là, dit-on, qu'on reconnaît
La femm' du ton le plus parfait.
Briller toujours, partout, à la ville, à la cour,
De la mode être reine un jour,
Et ne se livrer qu'à l'amour;
Et cependant,
Si devant soi l'on trouve un indigent,
Lui donner à l'instant
Tout son argent,
Oui, voilà, sur ma foi!
Et l'existence et l'emploi
Des marquises comme moi.

MATIGNON. Ainsi, vous refusez?...

MARGUERITE. De vous refuser, parbleu! (*A part.*) Tiens! je jure!...

MATIGNON. C'est bien... vous porterez mon nom, puisque je ne puis l'empêcher... mais je vous rendrai bien malheureuse!...

MARGUERITE. Soyez tranquille... je vous le rendrai bien!... Ah ça, marquis, avez-vous songé à donner les ordres nécessaires?... Un mariage comme le nôtre ne peut se célébrer comme celui d'un épicier!...

MATIGNON. Un mariage semblable doit se faire entre nous... Je le veux...

MARGUERITE. Tiens, moi qui veux le contraire... Comme ça se trouve!... Toutes mes amies de la halle qui vont venir...

MATIGNON. Corbleu!... vous moquez-vous?...

MARGUERITE. Jamais!... Mais puisque vous avez oublié. (*Appelant.*) Holà! mes gens! (*Un domestique paraît.*) Allez dire au maître d'hôtel qu'il nous faut un dîner de noces .. et soigné!... Si ce n'est pas bon... à se lécher les doigts... je le chasse... Allez...

MATIGNON. Mais c'est un démon que cette femme-là!

Le domestique sort.

MARGUERITE. Faut bien remplir ses devoirs de maîtresse de maison...

MATIGNON. Oh! c'est trop fort!...

AIR de *la Méduse.*

Madame, oubliez-vous
Que je ne suis point votre époux,
Et que seul je prétends
Ici commander à mes gens?
Ici tout seul, madame, je suis maître!

C'est vrai, ma foi, je dois le reconnaître ;
C'est pour cela
Qu'ici chacun m'obéira,
Car si voilà
Le maître... la maîtresse est là !

ENSEMBLE.

MATIGNON.

Madame, oubliez-vous, etc.

MARGUERITE.

Très-juste est mon courroux,
Vous allez être mon époux,
Et comme vous j'entends
Ici commander à mes gens !

Marguerite sort.

SCÈNE V.

MATIGNON, *seul.*

J'étouffe... de honte et de rage !... Plaisanté, bafoué par une fille de rien !... Contraint de choisir entre le mariage et la Bastille ! la Bastille, jamais !... On en meurt... du mariage, au moins on n'en meurt pas... Voyons, corbleu ! ce n'est pas le moment de se laisser abattre... L'heure s'écoule... Ce soir est le terme fatal... Il faut que je trouve un moyen...

AIR du *Fleuve de la vie.*

Si je trouvais, par aventure,
Un ami comme on en voit tant,
Qui voulût bien m'enlever ma future,
Il me rendrait un service éclatant.
J'ai tant de malheur, sur mon âme,
Que mes amis, j'en suis certain,
Préfèrent attendre à demain
Pour m'enlever ma femme.

SCÈNE VI.

MATIGNON, JONET.

JONET, *à part.* C'est le ciel qui m'illumine... j'ai trouvé le joint pour échapper aux tourments dont je suis imbu !... Ah ! voici le marquis... (*Haut.*) Monseigneur....

MATIGNON, *brusquement.* Que fais-tu ici ?

JONET. Monseigneur, je vous cherchais... Maintenant, je ne vous cherche plus.

MATIGNON, *même jeu.* Que me veux-tu ?

JONET. Votre accueil m'encourage à vous ouvrir mon cœur.

MATIGNON. Dépêche-toi.

JONET. Il est au monde une femme, je dis une femme, et c'est un ange... Il existe donc une jeune fille dont je suis amoureux à en devenir imbécile...

MATIGNON. Ça ne m'étonne pas.

JONET. Devenir imbécile, ça a son bon côté... On ne pense plus, on ne souffre plus... Mais ce que je crains, c'est de tomber malade, c'est d'avoir la fièvre, la rougeole ou la coqueluche... c'est de languir enfin.

MATIGNON. Que veux-tu que j'y fasse ?

JONET. Vous pouvez y faire, monseigneur, en m'ouvrant les portes du tombeau...

MATIGNON. Comment cela ?

JONET. C'est tout simple... Vous me prenez ma femme, n'est-ce pas ?

MATIGNON. C'est bien elle qui me prend...

JONET. Eh bien, prenez-moi aussi.

MATIGNON. Que je te prenne ?

JONET. Dans votre régiment, et donnez-moi pour consigne de me placer sur le chemin de tous les boulets de canon... de sorte que si l'un m'évite en passant, un autre ne m'épargnera pas.

MATIGNON, *à part.* Quelle idée !... (*Haut.*) Tu veux mourir ?...

JONET. J'y tiens...

MATIGNON. Nous avons toujours le temps d'en venir là... Mais si je te disais : Jonet, veux-tu épouser Marguerite à ma place ?...

JONET. Si je l'veux... Ah ! Dieu !... allez demander à une carpe qui est sur la paille d'puis six mois, si elle veut boire un verre d'eau... si je l'veux !....

MATIGNON. Écoute... Elle ne tient pas à moi personnellement... Ce qui la séduit, c'est l'éclat, la parure... Eh bien, au lieu de te faire soldat, je te fais grand seigneur... Comme les grands seigneurs, tu vas avoir des habits brillants...

JONET. Tiens ! tiens !

MATIGNON. De l'or dans tes poches, des laquais, des carrosses...

JONET. Tiens ! tiens ! tiens !... De l'or, des carrosses, des laquais, plein mes poches !

MATIGNON. Marguerite t'aime encore, j'en suis sûr, et l'amour l'emportera sur l'ambition, quand il aura pour escorte la fortune et son prestige.

JONET. Vous croyez ?

MATIGNON. Attends ici. Je vais donner des ordres, et dans quelques instants, un de mes gens viendra te chercher pour t'habiller.

JONET. C'est dit ; je ne bouge pas.

SCÈNE VII.

JONET, *seul ; puis* LE CHEVALIER.

JONET. Je m'y ferai à cet homme-là... je m'y ferai... D'abord, il a des idées... et des bonnes... me faire habiller comme il dit,

c'est très-ingénieux... La toilette n'est pas
une chose indifférente... Les boulangers ne
sont pas... assez vêtus... Eh ben, et ces laquais, et ces habits...

DUBOIS, *entrant par le fond.* Quand monsieur Jonet voudra?...

JONET. Tout de suite... Passez devant, je
vous suis... non... Eh bien, maraud! (*Le
repoussant.*) Passez derrière, suivez-moi.

   Il sort par le fond.

SCÈNE VIII.

LE CHEVALIER, Mlle DE MATIGNON.

LE CHEVALIER, *entrant par la droite.* Jonet! Jonet... il ne m'entend pas. Louise est-
elle encore ici? Oh! mais je suis fou! Je
voudrais la voir, et j'oublie qu'il m'est impossible de lui parler... Si je la rencontrais, au-
rais-je le courage de tenir le serment que j'ai
fait à son frère? Oh! le marquis me fait ache-
ter chèrement l'hospitalité qu'il me donne.

   AIR *nouveau de M. Kriesel.*

Lorsqu'en ce jour un sort propice
Près d'elle me ramène enfin,
Je dois, douloureux sacrifice!
Malgré moi l'éviter soudain.
L'aimer était mon existence,
Son amour était mon bonheur:
La fortune, en son inconstance,
Sans pitié vient frapper mon cœur.

Mlle DE MATIGNON, *entrant.* Lui! lui ici!

LE CHEVALIER, *à part.* Louise! Être seul
avec elle, et ne pouvoir lui dire combien je
l'aime!...

Mlle DE MATIGNON. Certes, monsieur, je ne
vous cherchais pas; mais, puisque vous voilà,
vous allez sans doute vous justifier, car je
vous ai vu...

LE CHEVALIER, *à part.* Que dit-elle?...

Mlle DE MATIGNON. Je vous jugeais d'après
moi; ma confiance était bien placée!... Mais
vous comprenez que tout est fini désormais
entre nous... Mon frère veut disposer de moi
en me faisant épouser... je ne sais qui .. j'ai
toujours refusé... pour vous... Aujourd'hui
même, je vais lui dire que je consens .. sans
peine... avec joie... Mon futur sera vieux,
laid, déplaisant, sot... Je serai malheureuse...
tant mieux...

LE CHEVALIER, *à part.* Et ne pouvoir me
justifier...

Mlle DE MATIGNON. Oui, je serai malheureuse... Cet aveu... je vous le fais à présent...
que je vous déteste. Oui, je vous aimais...
Adieu! (*Elle va sortir.*) Adieu!

LE CHEVALIER, *s'élançant.* Ciel!... (*Il
s'arrête.*) Qu'allais-je faire?

Mlle DE MATIGNON, *revenant.* Eh bien!
monsieur, parlez, justifiez-vous!... Vous vous
taisez... c'est affreux! Mais dites-moi donc que
je me suis trompée, que je ne vous ai pas vu,
que ce n'était pas vous... ou si c'était vous en
effet, dites-moi que vous ne l'aimez pas, cette
femme...

LE CHEVALIER, *à part.* Quel supplice!...

   AIR *nouveau de M. Kriesel.*

   Mlle DE MATIGNON.

Voyez si je suis charitable :
Malgré vos torts et mon courroux,
Dites : « Je ne suis pas coupable, »
Et je donne un pardon bien doux!...
Vite! allons, justifiez-vous.

   LE CHEVALIER, *à part.*

Je dois supporter son courroux,
Car j'ai juré, l'honneur l'ordonne,
Et je ne puis, la chérissant,
A son amour qui me soupçonne,
Répondre : Je suis innocent!

ENSEMBLE.

   Mlle DE MATIGNON.

Ah! pour mon cœur quelle souffrance!
Traître à ses serments, à sa foi!
Sa trahison, son inconstance
Pour jamais l'éloignent de moi!

   LE CHEVALIER.

Ah! pour mon cœur quelle souffrance!
Sans pitié pour mon triste émoi,
Elle m'accuse d'inconstance,
Et pour jamais fuit loin de moi!

   Mlle MATIGNON.

Ah! c'en est trop! lorsque je m'humilie
A vous offrir un pardon généreux...

   LE CHEVALIER, *à part.*

Eh quoi! répondre à sa voix qui supplie
Par un silence insultant, dédaigneux!

ENSEMBLE.

Pour vous plus d'indigne faiblesse!
Pour jamais je reprends mon cœur;
J'abjure une folle tendresse,
Maudissant ma trop longue erreur.

   LE CHEVALIER.

Pour moi plus d'amour, de tendresse!
Plus d'espérance, de bonheur!
Ah! je succombe à ma détresse,
Car je perds à jamais son cœur!

   MARGUERITE, *qui est entrée.*

Pourquoi ces accents de détresse?
D'où viennent ces cris de fureur?
Tous deux abjurent leur tendresse.
Je saurai d'où vient leur douleur!

SCÈNE IX.

LES MÊMES, MARGUERITE.

MARGUERITE. Tiens!... il y a de la brouille chez les amoureux!

LE CHEVALIER. Marguerite!... Quel bonheur!

Mlle DE MATIGNON. En ma présence!... oh! c'est indigne!...

MARGUERITE, *la prenant par la main.* Un instant!... Est-ce qu'on se sauve comme ça...

LE CHEVALIER. Marguerite, un serment d'honneur... ma parole donnée au marquis de ne pas parler à sa sœur... Elle m'accuse, elle m'accable de reproches injustes, et je ne puis me défendre...

Mlle DE MATIGNON, *à part.* Qu'entends-je?...

MARGUERITE. Ce n'est que ça! On ne vous a pas défendu de me parler à moi?...

LE CHEVALIER. Non, Marguerite. Je n'oublierai jamais qu'à la suite de mon malheureux duel, c'est chez vous que j'ai trouvé un asile...

Mlle DE MATIGNON. Quoi! c'est toi qui l'as caché... au risque de te compromettre...

MARGUERITE. M. le chevalier s'est bien acquitté envers moi... car ce matin, sans songer qu'il entrait chez un de ses ennemis, il n'a pas craint de venir me défendre...

Mlle DE MATIGNON. Je comprends... Lorsque vous traversiez le jardin, c'était pour vous soustraire aux insultes de mon frère.

MARGUERITE. Justement!

LE CHEVALIER. Et c'est sur ces apparences que Mlle de Matignon a pu me soupçonner... N'est-ce pas, Marguerite, que c'est bien mal de sa part?

MARGUERITE, *à Mlle de Matignon.* Oh! oui!

LE CHEVALIER, *à Marguerite.* Ne sait-elle pas qu'elle seule occupe toutes mes pensées?

Mlle DE MATIGNON, *à Marguerite.* Ma bonne Marguerite, j'ai été bien injuste avec le chevalier?...

MARGUERITE. Très-injuste.

LE CHEVALIER. Concevez-vous, Marguerite, que sur un simple soupçon de jalousie, elle ait parlé de s'unir à un autre?

MARGUERITE, *à Mlle de Matignon.* C'est bien mal.

Mlle DE MATIGNON. J'ai bien souffert, va, Marguerite.

MARGUERITE, *au Chevalier.* Et quand on souffre, on est injuste...

LE CHEVALIER. Vous avez raison, Marguerite ; aussi, je lui pardonne le mal qu'elle m'a fait.

MARGUERITE, *à Mlle de Matignon.* C'est très-bien ça...

LE CHEVALIER. Je crois même que j'en suis content... car vous ne savez pas que dans son dépit... dans sa colère... un aveu est sorti de sa bouche.

MARGUERITE. Ah!... bah!

LE CHEVALIER. Oui, Marguerite, elle m'a dit qu'elle m'aimait... Concevez-vous mon bonheur, Marguerite?... Aimé de Mlle de Matignon... aimé d'une personne aussi noble et aussi belle...

MARGUERITE. Il est de fait que bien des seigneurs voudraient être à votre place.

Mlle DE MATIGNON. Dis-moi, Marguerite, que penses-tu du chevalier?... Le crois-tu constant et discret, et n'abusera-t-il pas d'un aveu échappé à un cœur souffrant et en délire?...

MARGUERITE. Je le crois un galant homme.

LE CHEVALIER. Vous avez raison d'avoir foi en moi, Marguerite, je le jure à vos pieds!... (*Il tombe à ses genoux.*) Le nom de Louise est gravé à jamais au fond de mon âme; et si sa bouche m'a dit je t'aime, c'est si bas que mon cœur seul l'a entendu, et mon cœur est muet.

MARGUERITE, *prenant la main de Mlle de Matignon.* C'est très-bien, monsieur le chevalier...

LE CHEVALIER, *saisissant la main de Marguerite, qui tient celle de Mlle de Matignon.* Que ce baiser sur votre main, Marguerite, soit le gage de mon serment!

Il embrasse la main de Mlle Matignon.

MARGUERITE. Eh bien! vous vous êtes trompé, chevalier... Après ça, les mains étaient si près l'une de l'autre...

Mlle DE MATIGNON. Adieu, Marguerite ; je cours au palais pour m'occuper du chevalier!... Marguerite, tu es une bonne fille!

MARGUERITE. Je savais bien que vous reviendriez sur mon compte. (*Mlle de Matignon sort.*) Eh bien!

LE CHEVALIER, *toujours à genoux.* Marguerite, vous voyez le plus heureux des hommes!...

Il se relève et sort.

SCÈNE X.

MARGUERITE, JONET, *qui a vu le Chevalier aux genoux de Marguerite. Il a un costume de seigneur très-ridicule.*

JONET, *à part.* Hein! l'a-t-il embrassée?

MARGUERITE, *l'apercevant.* Jonet!... Ah! ah! ah!... Est-il drôle comme ça!...

JONET, *furieux.* Moi ! j'suis drôle !...

MARGUERITE, *riant.* Oh ! ce chapeau !... oh ! cet habit !... Ah ! ah !... que ça d'perruque !... S'il n'a pas l'air d'une enseigne à carnaval ou d'un marchand d'eau de Cologne !...

JONET. Cologne vous-même, entendez-vous !

MARGUERITE. Voyons, ne te fâche pas.... Pardine ! tu es cocasse, c'est pas une raison pour être méchant !... Où as-tu trouvé cette défroque ?

JONET. Cette défroque ! Je l'ai endossée pour vous, rien que pour vous... J'ai vu qu'vous aimiez les grands seigneurs, je me suis fait grand seigneur ; que vous aimiez les belles manières, j'ai pris des belles manières !... C'était bien la peine de me donner tant de peine !

MARGUERITE. Est-ce que j'ai besoin de te voir déguisé pour t'aimer, nigaud ?...

JONET. Ah ! je n'vous crois plus.

MARGUERITE. Tu ne me crois plus !...

JONET, *éclatant.* J'vous crois, je n'vous crois plus, j'vous crois !... Qu'est-ce que ça me fait, à moi ?... qu'vous m'aimiez, qu'vous n'm'aimiez pas, bah ! j'm'en moque !...

MARGUERITE. Tu sais ce que je t'ai dit ce matin... Aie confiance, attends, et... je te dirai tout.

JONET. Dites...

MARGUERITE. Pas encore !...

JONET. Alors, gardez-le... ça ne me regarde pas... Oh ! mon Dieu, si je vous le demandais... c'était tout bonnement pour le savoir... Maintenant, vous pouvez bien en aimer un, deux, trois...

MARGUERITE. Pourquoi pas dix ? une douzaine tout de suite...

JONET. Une douzaine, si vous voulez... Je ne vous aime plus.

MARGUERITE. Vous dites, Jonet ?

JONET. Je dis que je n'vous aime plus, parce que vous m'avez trahi, parce que vous m'avez trompé comme un simple agneau.

MARGUERITE. Comment cela ?...

JONET. Dame !

       AIR de *l'Anonyme.*

Sans vous gêner, un' semain' tout entière
Vous enfermez un jeune homme chez vous.
Un' tell' conduite excite ma colère ;
Mais c' qu'est affreux, Marguerite, entre nous,
Chaque matin fallait... Dieu ! quelle audace !
Un pain bien cuit à ce vil troubadour !
Et non contente d' lui donner ma place,
Vous me forciez à nourrir son amour !

MARGUERITE. Mais tu sais bien...

JONET. Oui, qu'il était malheureux ; mais ça n'empêche pas de faire la cour... et pendant huit jours on a le temps...

MARGUERITE, *offensée.* Comment, Jonet, vous pensez...

JONET. Vous m'jurez qu'non, j'y crois... On vous enlève de gré ou d'force... on vous porte ici, chez un marquis... chez un farceur, qui... vous m'jurez qu'non, en me disant : Aie confiance, tu sauras tout... plus tard... quand nous s'rons mariés... il sera temps, merci !... Ça né fait rien, j'avale tout ça... Vl'à que vous allez épouser l'marquis... Mais v'là l'marquis qui me dit : Jonet, épouse-la à ma place, et pour y arriver prends mes habits... Je m'déshabille pour vous plaire... et paf !... je tombe sur vous au moment juste oùs que l'autre, l'premier, vous embrassait je ne sais où...

MARGUERITE. Jonet, mon ami...

JONET. Et vous voulez que j'vous croie encore !... que j'vous aime ?... jamais !... J'vas quitter ces habits à qui je ne vais pas, et retrouver l'marquis pour faire un coup d'ma tête !...

SCÈNE XI.

LES MÊMES, MATIGNON.

MATIGNON, *à part.* Où en sont mes amoureux ?

MARGUERITE. Un coup de tête !...

JONET. Oui !... L'marquis me fera soldat... pour me faire tuer... ou plutôt, non !... je r'tourne à la halle... j'épouse Fanchette la Normande... cinq pieds treize pouces sans l'bonnet... Voilà une grande consolation !...

MATIGNON, *à part.* Peste soit du maladroit !... Si c'est ainsi qu'il m'en débarrasse...

MARGUERITE. Jonet, je vous en prie, écoutez-moi...

JONET, *avec une fierté ridicule.* Laissez-moi, mademoiselle, laissez-moi !... (*A Matignon.*) Monsieur l'marquis, faites-moi soldat ; faites-vous soldat aussi, vous...

MATIGNON. Que veux-tu dire ?

         JONET.

  AIR du *Vaudeville des Trois Péchés.*

Oui, je veux être militaire !

        MATIGNON.

Quoi ! tu reviens à ton dessein ?

        JONET.

Vous ferez comme moi, j'espère ?

        MATIGNON.

Pourquoi donc ?

        JONET.

     C'est qu'il est certain
Qu' nous pouvons nous donner la main.
Renversant un antique usage,
Grâce à mam'zelle, comme deux benêts,
Nous somm's, avant le mariage,

MATIGNON. Quoi ?

JONET.

Ce que l'on n'est jamais qu'après !

Vous et moi, tous les deux, trahis indéfiniment... Je l'ai trouvée avec un homme qui l'embrassait l'appelant mon ange... un tas d'horreurs !...

MATIGNON. Un homme !... (*A part.*) Je suis sauvé ! (*Haut.*) Tu l'affirmeras ?... par serment ?...

JONET. Je ne m'en ferai pas faute !

MATIGNON. Ah ! corbleu ! c'est charmant !..

JONET. Vous trouvez ça charmant, vous ?..

MATIGNON. Chère petite !... quelle délicatesse !... quelle bonté d'âme !... Un amant à ses genoux !... Je suis le plus heureux des hommes !

JONET, *à part.* C'est fini !... la tête n'y est plus !...

MATIGNON. Ah ! chère belle, un mari et un amant ne vous suffisent pas... Peste ! vous allez bien !... Vous n'avez pourtant pas eu le temps de prendre les habitudes de nos grandes dames... Mais je ne vous en veux pas... au contraire...

MARGUERITE. Monsieur le marquis, écoutez-moi... Jonet...

JONET. Laissez-moi !...

MATIGNON. Vous n'avez rien à m'apprendre : j'en sais assez...

MARGUERITE, *impatientée.* Eh ! allez au diable !... au fait !...

MATIGNON. Non pas au diable, mais auprès du roi... Ah ! maintenant, les rôles sont changés...

MARGUERITE. Je ne comprends pas...

JONET. Ni moi...

MATIGNON. Le roi, me croyant coupable de violence et de séduction, pouvait m'ordonner une mésalliance... Mais quand il saura tout, il révoquera, j'en suis sûr, une sentence injuste... Le témoignage de ce garçon me suffira.

JONET. J'ai la prétention d'être cru !

MARGUERITE. Jonet... vous doutez de mon amour ?... vous m'abandonnez... vous ne m'aimez plus ?...

JONET. Moi... moi... je ne vous... Eh bien ! si !... j'vous aime !... j'vous aime encore ! j'vous aime toujours !... C'est bête, mais c'est comme ça !...

MARGUERITE. Ah ! merci !... c'est tout ce qu'il me faut !...

JONET. Ne m' touchez pas... j'ai pas fini... j' vous aime, Marguerite, mais vous m'avez trompé... et je n' vous estime plus... et je n' vous reverrai jamais !... (*A Matignon.*) Monsieur l' marquis, je jurerai tout ce que vous voudrez !...

MARGUERITE. Arrêtez, monsieur l' marquis, arrêtez !... mais c'est mon déshonneur que vous allez consommer ! sur votre parole on va me repousser... me mépriser... Oh ! c'est affreux ! et je ne suis pas coupable ! je n'ai trompé, trahi personne... Votre conscience vous l' dit, monsieur l' marquis... Jonet ! Jonet ! par grâce !

Jonet fait un mouvement pour revenir.

SCÈNE XII.

LES MÊMES, JAVOTTE, LES DAMES DE LA HALLE.

JAVOTTE. Ho ! hé ! les autres ! v'là les épouseux ! Tiens, la mariée qu'est fondue en larmes... Quoi donc qu' t'as ? est-ce que ça serait déjà ton homme... Tu ne l'as donc pas griffé ?

LE CHEVALIER, *entrant.* Marguerite ! pleurant.

MATIGNON, *à Jonet.* Viens.

JONET. Attendez donc !... en v'là un pressé !...

MARGUERITE. Ah ! monsieur le chevalier... Javotte... si vous saviez... avilie, méprisée de tout le monde...

LE CHEVALIER. Qu'est-il donc arrivé ?

MARGUERITE. Jonet vous a vu m'embrassant... et il ose...

LE CHEVALIER. Infamie !

MARGUERITE. Et monsieur l' marquis veut profiter de ça pour faire révoquer l'ordre du roi... il va l'emmener comme témoin.

MATIGNON. Eh ! mon Dieu oui, allons, viens, Jonet.

JAVOTTE, *à Jonet.* Toi, si tu remues une patte... je t'en pose une autre sur l'œil.

LE CHEVALIER. Monsieur l' marquis, je veux vous empêcher de commettre une mauvaise action que vous regretteriez plus tard d'avoir commise.

MATIGNON. Monsieur !

LE CHEVALIER. Je jure donc ici sur mon honneur de gentilhomme, que cette jeune fille est la plus pure et la plus généreuse des femmes... C'est pour me sauver qu'elle s'est sacrifiée... et dans ce moment encore, si elle garde le silence, c'est pour ne pas compromettre une personne...

MARGUERITE. Oh ! vous m'avez comprise, vous.

LE CHEVALIER. Mais il ne sera pas dit qu'un homme aura été moins fort et moins généreux qu'une femme.

AIR *d'Yelva.*

Oui, pour mon cœur c'est un grand sacrifice ;
   A part.
Mais, ma Louise, il faut bien m'acquitter.
   Haut.
Lorsque j'entends la voix de la justice,

Oh! je le sens, je ne puis hésiter!
A cette enfant qui, pleine d'innocence,
Pour me sauver exposa son honneur,
Ne dois-je pas, dans ma reconnaissance.
Sans murmurer donner tout mon bonheur?

MARGUERITE. Que dites-vous?

LE CHEVALIER. Oui, Marguerite, oui, j'ai pour vous tant de respect et d'estime, que s'il le faut... Pour réparer le mal que je vous ai fait... sacrifiant l'amour le plus tendre, la passion la plus vive... les sentiments enfin que j'ai pour mademoiselle de Matignon... je n'hésite pas à vous offrir mon nom.

TOUS. Est-il possible!

LE CHEVALIER. J'espère que personne n'osera maintenant révoquer en doute l'honneur et la vertu de la femme du chevalier de Listenay.

MARGUERITE. Monsieur le chevalier...

JAVOTTE. C'est beau, ça! c'est superbement beau!

MATIGNON. Merci, chevalier, merci... (*A part.*) Il est charmant, ma parole d'honneur; d'un seul coup il me débarrasse de lui et d'elle.

JAVOTTE, *à Matignon.* Eh ben! vous ne dites rien, vous. (*A Jonet.*) Toi non plus... vertubleu! si j'étais un homme!... je vous ficherais un coup d'épée, à vous, monsieur l' marquis, qui préférez épouser quelque jour une pimbêche de grande dame taillée en araignée, avec une bouche de limande et des yeux de goujon frit, plutôt qu'une jolie fille comme Marguerite... Je te ficherais une calotte, à toi, pataud, qui as le bonheur d'être aimé de la fleur des bouquetières, et qui ne se dit pas en se regardant dans un miroir : Mais qu'est-ce que j'ai donc fait au ciel pour en être autant favorisé? Et à vous, monsieur le chevalier, je vous donnerais une poignée de main en vous disant : Vous êtes un brave garçon.

JONET. V'là mes deux joues, cousine, tapez! Ah! scélérat de marquis! avec ses habits... il m'a mis dedans... Pardon, mademoiselle Marguerite! pardon tout le monde excepté lui... Mais je n'en veux plus de ses habits... j'en ai plein le dos! (*Il arrache ses vêtements l'un après l'autre.*) Sa veste!... et sa perruque... et son gilet... tout, et sa...

JAVOTTE, *l'arrêtant.* Eh ben!

JONET. Hein! ah! c'est vrai, sa... Maintenant, mademoiselle Marguerite, si vous me revoulez, me revoilà.

MARGUERITE. Jonet! non, non, je te pardonne, je t'aime... mais je n' veux pas de toi; je vous refuse aussi, monsieur le chevalier, en vous remerciant du fond de mon âme... Monsieur le marquis, je vous attends.

MATIGNON. Comment, morbleu! encore cette plaisanterie?

MARGUERITE. Dites un droit auquel vous ne me ferez renoncer qu'en consentant au mariage de M. le chevalier avec Mlle de Matignon... Donnant... donnant... votre liberté contre leur bonheur.

JAVOTTE. Allons donc, sapristi! un bon mouvement! Est-ce qu'on doit sacrifier à soi le bonheur de quatre personnes... Avant d'être marquis, faut être honnête homme, fichtre!

MATIGNON. Mais je ne puis, je ne veux pas confier le sort de ma sœur à un homme qui est sous le coup de poursuites graves... S'il avait sa grâce!

JAVOTTE. Ce n'est que ça? on l'aura, mon fiston... je vas la demander au roi.

SCÈNE XIII.

LES MÊMES, Mlle DE MATIGNON, *qui est entrée.*

Mlle DE MATIGNON. La voici!

TOUS. Comment!

Mlle DE MATIGNON. A ma prière, madame de Maintenon l'a obtenue... ordre a été donné d'arrêter toutes les poursuites... Chevalier, vous êtes sauvé.

LE CHEVALIER. Louise, comment vous remercier jamais!

MATIGNON. Comment la remercier?... (*A part.*) Ma foi, puisque madame de Maintenon et le diable s'en mêlent.... (*Haut.*) Appelez-la votre femme, chevalier.

LE CHEVALIER. Ma femme! ah! marquis, vous vous vengez bien noblement.

JAVOTTE. Allons donc! en v'là un pistolet qui était dur à la détente.

MARGUERITE. Maintenant, monsieur le marquis, je n'ai qu'une parole ; donnant, donnant, vous êtes libre ; et moi je retourne à la halle avec Jonet... Pas vrai, jouflu.

JONET. Oh! ciel de Dieu! je défaille! la joie! l'amour... Monsieur le marquis, faut que je vous presse sur mon sein.

MATIGNON, *à part.* C'est une leçon... Désormais je n'enleverai une vertu de force que si elle y met de la bonne volonté.

SCÈNE XIV.

LES MÊMES, LE COMMANDEUR.

LE COMMANDEUR, *accourant.* Marquis! marquis! grande nouvelle.

TOUS. Qu'y a-t-il?

LE COMMANDEUR. Le roi fait grâce au chevalier.

TOUS. Nous savons ça.

LE COMMANDEUR. Vous savez !

JAVOTTE. Oui, mon gros... Il me fait l'effet d'une lettre mise à la poste, celui-là ; il arrive toujours trop tard.

CHOEUR.

AIR de *Zampa*.

De changer notre langage,
Pourquoi nous montrer jaloux ?
Pour être heureux, le plus sage
Est de rester chacun chez nous.

MARGUERITE, *au public.*

AIR du *Baiser au porteur* (1).

C'est en tremblant que ce soir je m'avance.
Pour un début, quelle témérité !
Aussi pour moi je demand' l'indulgence,
Et pour les autr's j'implor' votre équité.
Vous le savez, on n' doit être sévère
Ici-bas que pour les méchants,
Et justement moi je suis la bouqu'tière,
La bouqu'tière des Innocents.

REPRISE DU CHOEUR.

(1) NOTA. — Dans les villes de province où le rôle de la Bouquetière ne serait pas joué par une débutante, on substituera à ce couplet le couplet suivant :

C'est en tremblant que vers vous je m'avance,
Acteurs, auteurs, tout tremble devant vous.
Rassurez-nous par un peu d'indulgence,
Ce soir, messieurs, de grâce prouvez-nous
Que nos efforts ont calmé votr' courroux.
Vous le savez, on n' doit être sévère
Que pour les pervers, les méchants,
Et justement ici c'est la bouqu'tière,
La bouqu'tière... des Innocents.

Imprimerie Dondey-Dupré, rue Saint-Louis, 46.

TOME XVII.
- [illegible] au salon, c.-v. 2 a. 40
- [illegible]che, c.-v. 3 a. 40
- [illegible]oise de la Femme, c. 1 a. 30
- [illegible] Gerflin, c.-v. 1 a. 30
- [illegible] de 24 Sous c.-v. 1 a. 30
- [illegible] Pair dans son Ménage, 30
- [illegible] III, trag. en 5 a. 50
- [illegible]lle du Parvis, c.-v. 1 a. 40
- [illegible]tte de Feu, mél. 3 a. 40
- [illegible] le Pêcheur, v. 1 a. 30
- [illegible]a, c.-v. 3 a. 40
- [illegible]roe du Grand Monde, 2 a. 40
- [illegible] Trois Dimanches, c.-v. 3 a. 40
- [illegible]iens du St-Bernard, 5 a. 50
- [illegible]urante, op.-c. 5 a. 60
- [illegible]tesse de Chamilly, 4 a. 40

TOME XVIII.
- Le Sonneur de St-Paul, d. 5 a. 50
- Mademoiselle, c.-v. 2 a. 40
- Maria Padilla, tragédie 5 a. 50
- Paul Jones, drame en 5 actes, par Alexandre Dumas. 50
- Le Brasseur de Preston, c. 5 a. 50
- Françoise de Rimini, tr. 3 a. 40
- Lady Melvil, c.-v. 3 a. 40
- Tronquette, c.-v. 1 a. 30
- Le Discours de Rentrée, v. 1 a. 30
- Pierre d'Arezzo, d. 3 a. 40
- Les Coulisses, v. 2 a. 40
- La Marquise en Cage, c.-v. 1 a. 30
- Le Puff, rev. en 3 tabl. 40
- Claude Stocq, dr. 5 a. 50
- Jeanne Hachette, dr. 5 actes. 50

TOME XIX.
- Lekain, v. 2 a. 40
- Diana de Chivry, dr. 5 actes. par Frédéric Soulié. 50
- Les trois Bals, v. 3 a. 40
- La Manoir de Montlouvier. 50
- Dieu vous bénisse, v. 1 a. 40
- Maurice, c.-v. 2 a. 40
- Bathilde, dr. 3 a. 40
- Pascal et Chambord, c.-v. 2 a. 40
- Maria, c.-v. 2 a. 40
- La Bergère d'Ivry, dr. 5 a. 50
- Mlle de Belle-Isle, drame 5 a. par Alexandre Dumas. 40
- Marie Rémond, dr.-v. 3 a. 40
- Simplette, v. 1 a. 30
- Le Plastron, v. 2 a. 40

TOME XX.
- L'Alchimiste, d. 5 a. 50
- Naufrage de la Méduse, 5 a. 50
- Baluchard, c.-v. 3 a. 40
- La Maîtresse et la Fiancée, 2 a. 40
- Marguerite d'Yorck, mél. 4 a. 40
- Deux jeunes femmes, d. 5 a. 50
- Rigobert, mél.-c. 4 a. 40
- Gabrielle, c.-v. en 2 a. 40
- La jeunesse de Gœthe, v. 1 a. 30
- Émile, v. en 1 a. 30
- Le Fils de la Folle, d. 5 a. 50
- Il faut que jeunesse se passe, 40
- Un Vaudevilliste, 1 a. 20
- Le Marché de St-Pierre, par Antier et Comberousse. 50
- Amandine, c.-v. en 2 a. 40

TOME XXI.
- [illegible]it temps! v. 1 a. 30
- [illegible]icle 960, v. 1 a. 30
- [illegible] de ne pas monter sa gar. 30
- [illegible]age dans le monde c. 3 a. 40
- [illegible]tine, 5 a. par F. Soulié. 5
- [illegible] Chevaux du Carousel, 5 a. 50
- [illegible]rent de Médicis, tr. 3 a. 40
- [illegible] Beaux-Frères, v. 1 a. 30
- [illegible] et Corrigée, c.-v. 1 a. 30
- [illegible] Loup de Mer, d. 2 a. 40
- [illegible]stophe le Suédois, d. 5 a.
- [illegible] par Joseph Bouchardy. 50
- [illegible] Proscrit, d. 5 a. 50
- [illegible] Massacre des Innocens 5 a. 50
- [illegible]mas l'Égyptien, v. 1 a. 30
- [illegible]ence, c.-v. 2 a. 40

TOME XXII.
- Le Château de Saint-Germain. 50
- Les Bamboches de l'Année, r. 30
- Commissaire extraordinaire. 30
- Deux Couronnes, c. 1 a. 30
- Les Enfans de troupe. c.-v. 2 a. 9
- L'Ouvrier à rame en 5 actes, par Frédéric Soulié. 50
- Tremb. de terre de la Martini. 50
- La Famille du Fumiste, c. 2 a. 40
- Les Intimes, l. 1 a. 30
- La Madone, d. 4 a. 40
- Les Prussiens en Lorraine, 50
- Roland Furieux, f.-v. 1 a. 30
- Un Secret, d.-v. 3 a. 40
- L'Abbaye de Castro d. 5 a. 50
- La Famille de Lusigny, d. 3 a. 40

TOME XXIII.
- Vautrin, d. 5 a. 50
- L'Ouragan, d.-v. 2 a. 40
- Aubray le Médecin, d. 3 a. 40
- Les Renneurs et les Mœurs. 40
- Les Dîners à 32 sous, v. 1 a. 30
- Aînée et Cadette, c.-v. 2 a. 40
- Le Fils du Bravo, v. 1 a. 30
- Bonaventure, c.-v. 3 a. et 4 t. 40
- L'Éclat de Rire, d. 3 a. 40
- Cocorico, v. 5 a. 40
- Souvenirs de la Marq. de V***. 30
- La Jolie Fille du faubourg. 40
- Le Fin Mot, c.-v. 1 a. 30
- Le Château de Verneuil, d. 5 a. 50
- La Maréchale d'Ancre, d. 5 a. 50
- Les Pages et les Poissardes, 40

TOME XXIV.
- Bocquet Père et Fils, c.-v. 2 a. 40
- Le Mari de ma Fille, c.-v. 3 a. 30
- La Chouette et la Colombe. 40
- Quitte ou Double, c.-v. 2 a. 40
- L'Argent, la Gloire et les Femmes, v. 4 a. et 5 t. 50
- Marguerite, dr. 3 a. 40
- Paula, dr. 5 a. 50
- Mon ami Cléobul, v. 1 a. 30
- Édith, dr. 4 a. 50
- Un Roman intime, c. 1 a. 30
- Lazare le Pâtre, dr. 5 a. 50
- L'École des Journalistes, c. 5 a. 50
- Cicily, com.-vaud. 2 a. 40
- Newgate, dr. 4 a. 50
- Le Père Marcel, c.-v. 2 a. 40

TOME XXV.
- Hospitalité, vaud. 1 a. 30
- Guitarrero, op.-c. 3 a. 50
- Fête des Fous, dr. 5 a. 50
- La Favorite, op. 1 a. 50
- Neveu du Mercier, dr.-v. 3 a. 50
- Perruquier, dr. 5 a. 50
- [illegible]rie, dr. 5 a. 40
- [illegible]idate, c.-v. 1 a. 40
- [illegible] Bouquetière, dr.-v. 3 a. 40
- [illegible]ques Cœur, &c. 5 a. 50
- L'École des Jeunes filles, d. 5 a. 50
- La Protectrice, c. 1 a. 40
- Manche à Manche, c.-v. 1 a. 40
- Un Mariage sous Louis XV. par Alexandre Dumas. 50
- [illegible]bin le Novice, dr. 5 a. 60

TOME XXVI.
- Une Vocation, com.-v. 2 a. 40
- La Sœur de Jocrisse, v. 1 a. 40
- Van-Bruek, com.-v. 2 a. 40
- Le Marchand d'habits, dr. 5 a. 50
- Mon ami Pierrot, c.-v. 1 a. 40
- La Lescombat, dr. 5 a. 50
- Zara, dr. 4 a. 50
- Langeli, com-v. 1 a. 40
- Murat, pièce en 3 a., 14 tab. 50
- Trois cents dans un panier, 1 a. 40
- Mathieu Luc, dr. 5, en vers. 50
- Caliste, com.-vaud. en 1 a. 40
- L'Aveugle et son Bâton, 1 a. 40
- Paul et Virginie, dr. 5 a. 50
- Les Enfants Blancs, dr. 5 a. 50
- La Voisin, mél. 5 a. 50

TOME XXVII.
- Ivan de Russie, tragédie. 50
- Le Dérivatif, vaudeville. 40
- Un Ras bleu, vaudeville. 40
- Les Filets de Saint-Cloud. 50
- La Plaine de Grenelle, d. 5 a. 50
- Lorenzino, drame en 5 actes, par M. Alex. Dumas. 50
- Le Dot de Suzette, d. 5 a. 50
- Amour et Amourette. v. 5 a. 50
- Pâris le Bohémien, d. 5 a. 50
- Les Brigands de la Loire, dr. en cinq actes. 50
- Margot, v. 1 a. 40
- Paris la nuit, d. 6 a. 8 t. 50
- Emery le négociant, d. 3 a. 50
- La Salpêtrière, dr. 5 a. 50

TOME XXVIII.
- Claudine, dr. 3 a. 50
- Les Chanteurs ambulants, 2 a. 50
- Céline c.-v. 2 a. 40
- Les Pilules du Diable, 3 a. 20 t. 50
- Les 2 Brigadiers, vaud. 2 a. 40
- Le Roi d'Yvetot, op.-com. 3 a. 50
- L'auberge de la Madone, d. 5 a. 50
- Les ressources de Jonathas, 1 a. 40
- Halifax, c. 4 a. avec prol. 50
- Le prince Eugène, 3 a. 14 t. 50
- Le baron de Lafleur, c. 3 a. env. 50
- Vision du Tasse, 1 a. et v. 30
- La Main droite et la Main gauche, drame en 5 actes. 1 f.
- Madeleine, dr. en 5 a. 50
- Mlle de la Faille, d. 5 a. 8 t. 50

PIÈCES NOUVELLES DU MAGASIN THÉATRAL.

- L'Extase, c.-v. 3 a. 50
- Le Menuet de la Reine, 2 a. 50
- Les Mille et Une Nuits, 4 a. 50
- L'Enlèvement de Déjanire, v. 40
- [illegible]gauntlet, d. 3 a. avec pr. 50
- [illegible]ccès, c. en [illegible] ctes. 50
- [illegible] palais-royal st[illegible] [illegible]tille 4 50
- [illegible] chambre verte, c.-v. 2 a. 50
- [illegible] enfants trouvés, dr. 3 a. 50
- [illegible]dre nuit d'A. Chénier, mon. 30
- [illegible] soleil de ma Bretagne, 3 a. 50
- [illegible] mauvais père, d.-v. 3 a. 50
- [illegible]guerite Fortier, d. 4 a. 1 pr. 50
- [illegible]mille Renneville, d. 3 a. p. 50
- [illegible]aquet, c.-v. 2 a. 40
- Les Grands et les Petits, 5 a. 50
- Le Héros du marquis de 15 sous. 50
- [illegible]anne et la vieille garde, 1 a. 40
- Les 2 Sœurs, c.-v. en un a. 40
- [illegible]ienne, vaud. en un acte. 40
- [illegible] fr. de récompense, d. 5 a. 50
- [illegible] petites misères de la vie. 1 40
- [illegible]re et perruque, v. en 1 a. 40
- Les Demoiselles de St-Cyr, 5 1 fr.
- [illegible] prisonnier en Sibérie, d. 3 é. 50
- [illegible]re, drame en 5 actes. 50
- [illegible]cret de famille, d.-v. 3 a. 50
- [illegible] Orléans et Rouen, v. 3 a. 50
- Les Dévorants, c.-v. 2 a. 50
- [illegible]ur d'orage, c. 40
- [illegible]rio c.-v. 3 a. 50
- Les Bohémiens de Paris, d. 5 a. 50
- [illegible] Giraud, dr. 5 a. 50
- [illegible]mpagne à Deux, c.-v. 1 a. 40
- [illegible] Quichotte et Sancho Pança,

- pièce en 13 tableaux. 50
- Le Déserteur, op-com. 3 a. 50
- Lucio, drame en 6 actes. 60
- Pierre Landais, d. en 5 actes. 50
- La Croix d'acier, dr. en 1 a. 30
- L'Homme blasé, vaud. en 2 a. 50
- Louise Bernard, drame en 5 a. par Alexandre Dumas. 50
- Stella, drame en 5 actes. 50
- L'Ombre, ballet. 30
- Le Vengeur, drame en 3 a. 50
- Le Théâtre et la Cuisine, v. 2 a. 50
- Les Iles-Marquises, revue en 2 actes. 50
- Mémoires de deux jeunes Mariées, vaudeville en 1 acte. 40
- Une Idée de médecin, v. 1 a. 40
- Le Laird de Dumbiky, c. en 5 a. par Alexandre Dumas. 50
- Marjolaine, v. en 1 a. 40
- Molière au 19e siècle. c. 1 a. 40
- Les trois Amis, dr.-v., 3 a. 50
- Karel Dujardin, c. 1 a. 40
- Le Famille Cauchois, c. 5 a. 50
- Le Vieux Consul, tr. 5 a. 50
- Champmeslé, c. 1 a. 40
- L'oncle à succession, c.-v. 2 a. 50
- Jane Grey, tr. 5 a. 50
- Alberta Ire, c.-v. 2 a. 50
- La Gazette des Tribunaux, v. 1 a. 50
- Jacques le Corsaire, dr. en 5 a. 50
- La Grisette de qualité; v. 3 a. 80
- Le Mari à la campagne, c. 3 a. 50
- Petits métiers de Paris, v. 3 a. 50
- Le Rodeur dr. 5 a. 50

- Paris voleur, vaud. 6 a. 50
- Don César de Bazan, 5 a. 50
- 7 Châteaux du diable, fée. 3 a. 50
- Le Bal Mabille, c-v. en 1 a. 40
- Un Amant malheureux, v. 2 a. 50
- Le maçon et le banquier, 3 a. 50
- Calypso, féérie-myth en 3 t. 50
- Les 3 péchés du diable, v. 1 a. 40
- L'Épicier de Chantilly, v. 2 a. 50
- L'Etourneau, vaud. en 3 actes. 50
- Le Bachelier de Ségovie, c. 5 a. 50
- Un mauvais ménage, dr. 3 act. 50
- Aubry le Boucher, dr. 4 act. 50
- Les orphelines d'Anvers, d. 5 a. 50
- Jeanne d'Arc en prison, v. 1 a. 30
- 1res Armes du Diable, v. 3 a. 50
- Au bord de l'abime, v. 4 a. 40
- Inès, dr. en 5 a. 50
- Forte-Spada, dr. en 5 a. 50
- Les trois loges, c-v., 4 a. 50
- Une bonne réputation, c. 1 a. 40
- La Coqueluche du quartier, 1 a. 40
- Cabrion, folie-vaud. 1 a. 40
- Les ruines de Vaudémont 4 a. 50
- Notre-Dame des abimes d. 5 a. 50
- La Tour d'Ugolin, c.-v. 2 a. 50
- Parlez au Portier, v. 1 a. 40
- La Biche au Bois, féer. 16 tab. 50
- Le Tricorne enchanté, a. 40
- La Peste Noire, dr. en 5 a. 50
- La mère Taupin, vaud. 3 a. 50
- La Tour de Ferrare, dr. 5 a. 50
- Une Soirée à la Bastille. c. 1 a. 40
- Tom Pouff, à-propos, 1 a. 40
- Sylvandire, roman en 4 ch. 50

- Chacun chez soi, c. v. 1 a. 40
- Dame et Grisette, c.-v. 1 a. 40
- Un changement de main, 2 a. 50
- Le Brocanteur, v. 1 a. 40
- Le Canal St-Martin, dr. 5 a. 50
- Télégraphe d'Amour, v. 3 a. 50
- Paris et le Banlieue, dr. 5 a. 50
- Brancas le Rêveur, v. 1 a. 40
- La Cuisinière mariée, v. 1 a. 40
- La Samaritaine, v. 1 a. 40
- La Sœur du Muletier, dr. 5 a. 50
- Corneille et Rotrou, v. 1 a. 40
- Les Mousquetaires, d. 5 a. 1 f.
- Le Diable à quatre, v. 3 a. 50
- Le Droit d'aînesse, v. 1 a. 40
- Marie-Jeanne, d. 5 a. 50
- Vingt Fr par Jour, c.-v. 2 a. 40
- Beaumarchais dr. h. en 3 a. 50
- Les 3 Baisers, vaud. en 1 a. 40
- Hubert le Sorcier, dr. en 5 a. 50
- Le Comte Julien, dr. en 4 a. 50
- Catherine de Médicis, en 5 a. 50
- Jean-Baptiste. dr. 5 a. 50
- Lanterne de Diogène, mon. 30
- Fille du Régent, com. 5 a. 50
- Un Conte Bleu, vaud. en 4 a. 40
- La Vestale, tragédie en 5 a. 1 f.
- Trompettes de Chamboran, 40
- La Fée du bord de l'eau v. 3 a. 50
- Chapelle et boileau, au. 1 a. 30
- Oui ou Non, v, 1 a. 44
- Les Fleurs animées, v. 1 a. 40
- Le Fils d'une grande Dame. 50
- Mlle Lange, com. vaud. 1 a. 40
- le Loup-Garou, com. v. »

PIÈCES
DE
M. ALEXANDRE DUMAS